STEFANIE SCHÄFTER
MEIKE FIENITZ
FELIX BUCHBORN
KIRA VAN DEN HÖVEL

SUPER LOCAL FOOD

Gesund und nachhaltig essen

NACHHALTIG

GESUND

INHALT

ESSEN

Vorwort von
Dr. Ursula Hudson
Slow Food
Deutschland

Häufig frage ich mich, ob Lebensmittel, die auf dem großen Jahrmarkt des Wettbewerbs um Käufer*innen schreien, wirklich solche sind, die wir brauchen. Und immer häufiger fällt meine Antwort auf diese Frage negativ aus. Das Geschrei um Lebensmittel, die angeblich das Wohlbefinden fördern sollen, aber zumeist hochverarbeitet sind, lässt wenig wirkliche Substanz vermuten: noch weniger Kohlenhydrate, noch mehr Eiweiß, noch weniger Zucker, noch mehr Vitamine – kann das alles wahr sein? Haben wir das überhaupt nötig?

In den letzten Jahren haben allerdings auch eine ganze Reihe natürlicher, unverarbeiteter Lebensmittel Eingang in unsere Alltagsküchen gefunden. Deren Inhaltsstoffe sollen geradezu Wunder wirken, vor allem die Vitamine und die Mineralstoffe scheinen sich in diesen Lebensmitteln in ganz ungeheuren Konzentrationen zu versammeln. Von Avocado bis Quinoa – profitables Geschäftsdenken ließ diese Lebensmittel fast über Nacht zu den neuen Helden der modernen Ernährung werden. Die Superfoods waren geboren. Das Ganze kann aber auch als andauernder Hype betrachtet werden – nicht nur mit schweren Belastungsfolgen in den Anbauländern. Die junge Autor*innengruppe des vorliegenden Bandes erläutert diese negativen Auswirkungen der hochgelobten Superfoods aufs Beste. Und sie erweitert den Blick auf jene Obst- und Gemüsesorten, die vor unserer Haustür wachsen und den Superfoods hinsichtlich ihrer Inhaltsstoffe in nichts nachstehen.

Es ist schon etwas Besonderes, wenn aus Neugier, Verantwortungsbewusstsein, Kreativität und dem Willen zur Gestaltung ein solches Buch entsteht. Vier junge Menschen, die sich fast willkürlich in einer Gruppe, der Slow Food Youth Akademie,

gefunden haben, haben dies erreicht. Sie schauen genau hin, richten die Scheinwerfer auf den ausartenden Superfoodhype, beleuchten die positiven wie die negativen Aspekte. Mit Leidenschaft, Hirn und Herz blicken sie auf etwas, das durch die weit gereisten Superfoods fast in Vergessenheit geriet:

unsere heimischen Gemüse- und Obstsorten, die mindestens genauso viel Potenzial haben wie die Superfoods aus Übersee. Kraftprotze und Vitaminbomben in der Küche? Die gibt's auch regional!

Fantastisch, was hier an Wissen zusammengetragen ist. Ausgezeichnet die inspirierenden, nach Jahreszeit geordneten Rezepte. Da ist für jede und jeden etwas dabei. Man will sofort auf den Markt und in die Küche! Jetzt!

Bezaubernd – ein Zauber wohnt den Slow-Food-Youth-Momenten wohl auch inne. Genauso schön lesen sich die Küchentipps und die Überlegungen zu unserem Essen und Klima. Ein Buch zwischen Verantwortung und Genuss und damit Slow Food vom Feinsten. Ich danke der Autor*innengruppe sehr für dieses Buch und wünsche ihm viele geneigte Leser*innen.

Von Superfood zu Super Local Food

Superfoods sind seit einigen Jahren buchstäblich in aller Munde: Früchte, Beeren und Urgetreide, denen nachgesagt wird, eine wahre Wunderwirkung auf die Gesundheit zu haben. Ursprünglich vor allem in Großstadtcafés und auf Social-Media-Kanälen zu finden, haben es Avocado, Quinoa und Co. mittlerweile in die Alltagsküche vieler Haushalte geschafft. Im Supermarkt um die Ecke werden Superfood-Salate und Superfood-Müsliriegel angepriesen. Das Versprechen: Wer Superfoods isst, ernährt sich extragesund.

Dabei ist zwar der Begriff »Superfood« vergleichsweise neu, das Phänomen selbst aber ganz und gar nicht: Seit Menschen sich mit Ernährung und Gesundheit beschäftigen, werden regelmäßig einzelne Lebensmittel als besonders empfehlenswert angepriesen. Schon Oma lernte als Kind: »Iss deinen Spinat, damit du groß und stark wirst!« In den 1950er-Jahren hieß es dann: »Milch macht müde Männer munter.«[1] Bereits diese frühen Beispiele zeigen, dass Lebensmittel oft aus Vermarktungsinteressen heraus zum Superfood ernannt werden und die Angaben zur Gesundheitswirkung auch durchaus fehleranfällig sein können. Denn der vermeintlich hohe Eisengehalt im Spinat beruhte auf einem Rechenfehler, und der Milchslogan sollte in der Nachkriegszeit den Milchkonsum ankurbeln, war aber nicht wissenschaftlich fundiert.

Auch um die modernen Superfoods steht es oft nicht anders: Mit dem Konzept »Superfood« versuchen Lebensmittelkonzerne, Verbraucher*innen zum Kauf ihrer Produkte anzuregen. Meist soll dabei nicht nur an das Gesundheitsbewusstsein der Konsument*innen appelliert, sondern auch ihre Neugier auf Neues angeregt werden. Es ist daher nicht verwunderlich, dass viele Produkte, die in den letzten Jahren zum Superfood erkoren wurden, bis dato in Deutschland weitgehend unbekannt waren. Ein ungewöhnlicher Name, dazu das Versprechen besonderer Gesundheitswirkungen – dass sich so das Interesse vieler Kund*innen wecken lässt, hat die Lebensmittelbranche mittlerweile verstanden. Produkte kritisch zu hinterfragen, die als Superfood bezeichnet werden, lohnt sich also.

Was bringt der Konsum von Superfoods wirklich für deine Gesundheit? Welche Auswirkungen hat ihre Produktion auf Mensch und Umwelt? Gibt es Alternativen zu importierten Superfoods? Und wie kannst du diese alltagstauglich und abwechslungsreich auf

den Tisch bringen? Das wollen wir mit diesem Buch beantworten. Denn – das wird schnell klar – kaum eines der sogenannten Superfoods[a] wird in Deutschland angebaut. Beim genaueren Hinschauen zeigt sich sogar: Anbau, Handel und Logistik rund um die meisten Superfoods sind mehr als problembehaftet. Dennoch sind

nur wenigen Menschen die ökologisch-sozialen Folgen des Konsums bekannt.

Doch keine Sorge, dieses Buch soll dir nicht den Appetit verderben. Zwar gehen wir im folgenden Kapitel näher auf die vielfältigen Probleme ein, die importierte Superfoods mit sich bringen. Denn es ist wichtig, die Augen nicht vor der Realität zu verschließen, die unser Konsum bewirkt. Doch wir wollen keine Verbote aufstellen, sondern dich zu bewusstem Konsum anregen – basierend auf Wissen und Handwerkszeug rund um gesunde und leckere Lebensmittel. Anstatt dir also die Freude am Essen zu vermie-

· · · · · · · · · · · · · · ·

a Der Begriff »Superfood« ist problematisch, siehe Erläuterungen in Infobox »Was sind Superfoods?« auf Seite 11. Wir verwenden den Begriff der Verständlichkeit halber dennoch als Sammelbegriff für als besonders gesund und nährstoffreich beworbene Lebensmittel.

sen, wollen wir dich mitnehmen auf eine Entdeckungsreise durch die Vielfalt, die direkt vor deiner Haustür wächst. Ein genauerer Blick auf die Inhaltsstoffe importierter Superfoods und heimischer Produkte offenbart: Die Superfoods brauchst du gar nicht, um dich gesund, vielseitig und mit Genuss zu ernähren. Es gibt zahlreiche lokale Alternativen, die den weit gereisten Produkten in nichts nachstehen – weder im Nährwert noch im Geschmack. Diese Nahrungsmittel haben einen weitaus geringeren ökologischen Fußabdruck, da sie nicht um die halbe Welt reisen müssen. Noch dazu sind sie häufig deutlich preiswerter. Wir zeigen dir daher, welche regional erzeugten Lebensmittel dich genauso gut mit allem versorgen, was dein Körper braucht, und wie du sie kulinarisch zum Glänzen bringst. Wir wollen beweisen, dass regional-saisonal alles andere als eintönig ist, und Lust machen auf das Aroma von Produkten, die wirklich frisch auf deinem Teller landen. Den Unterschied wirst du schmecken!

Hagebutten

Was sind Superfoods?

Als Superfoods werden überwiegend pflanzliche Lebensmittel wie beispielsweise Früchte, Samen oder Algen bezeichnet, die in ihrer natürlichen und ausgereiften Form reich an wertvollen Inhaltsstoffen sind. Zumeist weisen sie einen besonders hohen Anteil an Vitaminen, Mineralien, Enzymen und/oder pflanzlichen Sekundärstoffen auf. Viele der gegenwärtig als Superfoods angepriesenen Lebensmittel sind Importprodukte, die nicht in Deutschland angebaut werden (können). Eine anerkannte Definition oder rechtliche Vorgaben zur Verwendung des aus dem Marketing stammenden Begriffs gibt es jedoch nicht.

Was macht den Begriff problematisch?

Der Begriff wird im Lebensmittelhandel häufig so eingesetzt, dass eine besondere Gesundheitswirkung beim Verspeisen der als Superfood angepriesenen Produkte suggeriert wird. Bei vielen importierten Superfoods konnte eine positive Auswirkung auf die Gesundheit jedoch (noch) nicht eindeutig nachgewiesen werden. Zudem sind Ernährung und Gesundheit äußerst komplex und werden individuell von vielen verschiedenen Faktoren beeinflusst. Das eine Lebensmittel, welches gesund macht oder hält, gibt es nicht. Eine gesunde Ernährung ist vielfältig und ausgewogen, dabei ist auch die Kombination von Lebensmitteln entscheidend. Es ist deshalb irreführend, ein einzelnes Lebensmittel herauszugreifen und ihm diese Sonderstellung einzuräumen.

Warum viele Superfoods nicht die beste Wahl sind

Importierte Superfoods – wirklich super?

Chia, Quinoa, Avocado, Amaranth, Goji, Kakao, Mandeln, Acerola, Aronia, Acai, Maqui, Moringa, Noni, Spirulina – die Liste der importierten, oftmals exotischen Superfoods ist lang. Immer wieder kommen Lebensmittel neu auf den Markt, die uns zahlreiche Gesundheitswunder versprechen – von krankheitspräventiven bis hin zu krebsheilenden Wirkungen über Unterstützung beim Abnehmen bis hin zu Anti-Aging-Eigenschaften. Geworben wird etwa mit »detox«, »antientzündlich«, »gesund für Körper und Geist«, »Wachmacher«, »Fettkiller«, »Schlankmacher«, »schützt vor Krebs und Diabetes«.[3] Superfoods scheinen alles leisten zu können – so zumindest die Werbung. Doch was steckt genau dahinter? Und woher stammt dieser Mythos über die Superfoods?

Amaranth

Chiasamen und die Novel-Food-Verordnung der EU

Allein im Jahr 2016 wurden im deutschen Lebensmitteleinzelhandel rund 1.925 Tonnen Chiasamen verkauft – mehr als doppelt so viele wie nur ein Jahr zuvor.[4] Die kleinen, grauen Samen der Chiapflanze, in Mittel- und Südamerika bereits seit Jahrhunderten bekannt, waren in Europa lange Zeit eine Seltenheit in der Küche. Wie kommt es also, dass heute so viele Chiaprodukte in den Supermärkten erhältlich sind?

Ein Grund dafür ist die sogenannte Novel-Food-Verordnung der Europäischen Union. Grundsätzlich können Lebensmittel ohne vorherige Zulassung in der EU in den Verkehr gebracht werden – vorausgesetzt, die allgemeinen lebensmittelrechtlichen Bestimmungen wurden berücksichtigt. Anders ist es bei neuartigen Lebensmitteln, den sogenannten Novel Foods. Das sind Lebensmittel, die vor dem 15. Mai 1997 in der EU gar keine beziehungsweise keine nennenswerte Verwendung für den menschlichen Verzehr fanden. 2015 wurde die Verordnung erneuert und ist seit dem 1. Januar 2018 verbindlich. Während vorher jede Verwendungsart – beispielsweise in Müslis, Backwaren oder Getränken – separat angemeldet werden musste und jeweils einzelnen Zulassungserfordernissen unterlag, muss nach der neuen Verordnung nicht mehr jedes einzelne Lebensmittelunternehmen eine eigene Zulassung bei der EU-Kommission erwirken.[5] Durch die Überarbeitung der Gesetzesnovelle können Lebensmittel, die bisher nicht oder lediglich wenig in der EU konsumiert wurden, leichter aus Drittländern eingeführt werden, da Zulassungen für solche Lebensmittel nun allgemeine Gültigkeit tragen. Die meisten der neu auf den Markt kommenden Superfoods unterliegen der Novel-Food-Verordnung.

Chiasamen sind seit 2009 in der EU erhältlich. Sie wurden damals als neuartiges Lebensmittel im Rahmen der Novel-Food-Verordnung zugelassen.[6] Zunächst galt dies aber nur für Backwaren mit einem Maximalanteil von fünf Prozent Chiasamen. Ab dem Jahr 2013 wurde die Einfuhr auch für diverse Produkte mit einem Anteil von bis zu zehn Prozent Chiasamen sowie für den direkten Verkauf der Samen an Endverbraucher*innen möglich.[7] Diese Neuerungen führten zu einem raschen Anstieg in den Verkaufszahlen in Deutschland: Während 2013 knapp 20 Kilogramm Chia im deutschen Lebensmitteleinzelhandel verkauft wurden, waren es im Jahr 2014 bereits 700 Kilogramm – und nur drei Jahre später fast 2.000 Tonnen.[8]

Für die Bewertung und Zulassungsprüfung der Lebensmittel ist die Europäische Behörde für Lebensmittelsicherheit (EFSA) zuständig. Sie gab damals die gesundheitliche Verzehrempfehlung von maximal 15 Gramm Chiasamen pro Tag ab. Zwar darf mit dem hohen Anteil an Ballaststoffen der Chiasamen geworben werden, doch deckt die tägliche Verzehrmenge von maximal 15 Gramm nur circa 17 Prozent des täglichen Bedarfs an Ballaststoffen. Aussagen zur Heilung oder Linderung gesundheitlicher Beschwerden durch Chiasamen sind für Werbezwecke in der EU nicht erlaubt, da hierfür ausreichende medizinische Nachweise fehlen.[9]

Superfood als Marketingstrategie

Anders als man erwarten könnte, liegt der Ursprung des Begriffs »Superfood« keineswegs in der Wissenschaft, sondern vielmehr in den Marketingstrategien der Lebensmittelindustrie. Zu welchem Zeitpunkt der Begriff erstmals Einzug in Werbung und Massenmedien erhielt, lässt sich nicht eindeutig feststellen.

Eines der am frühesten dokumentierten Beispiele, bei dem das Konzept der Superfoods Anwendung fand, ist eine breit angelegte Werbekampagne der United Fruit Company zu Beginn des 20. Jahrhunderts.[10] Mit dem Ziel, den Absatz von Bananen in den USA zu steigern, beauftragte das Unternehmen Wissenschaftler*innen, Gutachten zur gesundheitlichen Wirkung von Bananen zu erstellen. In einer Publikation aus dem Jahr 1917 mit dem Namen »Food Value of the Banana« wurden die Bewertungen der führenden medizinischen und wissenschaftlichen Behörden in einer Sammlung veröffentlicht. Angepriesen wurden darin unter anderem die Nährwerte sowie der gesundheitliche Nutzen von Bananen in der täglichen Ernährung. Das *Journal of the American Medical Association* wies sogar insbesondere auf die »von Natur aus keimfreie Verpackung« hin.[11]

Den Durchbruch führte schließlich der Zöliakieforscher und Kinderarzt Sidney Haas herbei, der in der Banane ein Heilmittel zur Bekämpfung von Zöliakie gefunden zu haben glaubte. Mit einer strikten Diät, die vor allem aus Bananen und Milch bestand, gelang es ihm, den gesundheitlichen Zustand zahlreicher erkrankter Kinder rasch zu verbessern.[12] Dass hierbei der Verzicht auf Getreideprodukte und damit auf das zu

Bananenstaude

diesem Zeitpunkt noch nicht entdeckte Gluten der wahre Grund für die Genesung der jungen Patient*innen war, wurde erst Jahrzehnte später bekannt.

In kürzester Zeit entwickelte sich die Banane in der Öffentlichkeit zum Symbol für gesunde Ernährung. Mütter gaben ihren Kindern und Säuglingen täglich Bananen – unabhängig davon, ob Zöliakie festgestellt worden war oder nicht. Längst waren die positiven Eigenschaften der Banane verallgemeinert und ihr verschiedenste Heilwirkungen zugesprochen worden. Es dauerte nicht lange, bis diese vermeintlichen gesundheitlichen Vorteile in das Werbematerial der United Fruit Company übergingen und die Medien Schlagzeilen über die Wunderkräfte der Banane lieferten (»Bananas Heal Ill Child« titelte zum Beispiel die New York Times im Jahr 1932) – spätestens jetzt war das perfekte Superfood geboren.[10]

Am Ende profitierte vor allem die United Fruit Company von Haas' Irrtum und dem äußerst positiven Image ihres Produktes. Und auch das Marketing des 21. Jahrhunderts hat wesentliches Interesse daran, das Bild von Superfoods als gesundheitsfördernde Produkte aufrechtzuerhalten und auszubauen. Hierfür werden unter anderem klinische Studien in Auftrag gegeben, die die gesundheitliche Wirkung der Lebensmittel beziehungsweise einzelner Inhaltsstoffe untersuchen sollen. Das aber kann mitunter höchst problematisch sein. Denn somit sind die Auftraggeber*innen und Fördermittelgeber*innen genau diejenigen, die ein großes Interesse an einem positiven Ergebnis haben. Und so verwundert es nicht, dass so manche Studie recht kurz gegriffen daherkommt –

sei es durch die eingeschränkte Formulierung des Forschungsvorhabens selbst oder die gezielte Auswahl der Studienteilnehmer*innen. Wenn das »gewünschte« Resultat vorliegt – nämlich der Nachweis der positiven Gesundheitswirkung –, ebbt das Interesse der Lebensmittelindustrie an weiterer Forschung ab.[13]

Sobald die Ergebnisse zu einem spezifischen Lebensmittel veröffentlicht sind, folgen oftmals vereinfachende und dem Kontext enthobene Schlagzeilen in den Massenmedien. Berichte über Superfoods und Wunderwirkungen von einzelnen Lebensmitteln schaffen Aufmerksamkeit und sorgen vor allem für steigende Verkaufszahlen. Doch einzelne Lebensmittel als Superfoods auszuweisen ist in mehrfacher Hinsicht irreführend: Zum einen kann der Eindruck erweckt werden, dass der regelmäßige oder auch schon gelegentliche Konsum dieser Superfoods ausreichend für eine gesunde Ernährung sei. Zum anderen erscheinen andere Lebensmittel, die nicht als »super« bezeichnet werden, als weniger relevant.

Doch genau das Gegenteil ist der Fall: Denn entscheidend für eine gesunde Ernährungsweise ist Vielfalt. Wer regelmäßig viele verschiedene frische Lebensmittel zu sich nimmt, ist in aller Regel auch gut mit allen Nährstoffen versorgt, die der Körper braucht. Eine einseitige Ernährung ist hingegen kritisch zu betrachten – und kann auch von keinem Superfood allein ausgeglichen werden. Vor diesem Hintergrund sind auch die in diesem Buch vorgestellten Alternativen zu importierten Superfoods zu verstehen: Jede für sich allein macht noch keine gesunde Ernährung aus. Doch in ihrem Zusammenspiel unterstützen sie eine ausgewogene Ernährung – ganz

Moringakapseln

zur Unkrautbekämpfung eingesetzt.[9,14] Zudem werden manche Superfoods, wie beispielsweise Moringa oder Spirulina, nicht frisch, sondern nur in hochverarbeiteter Form angeboten, zum Beispiel als Pulver oder in Kapselform.[15,16]

Schattenseiten importierter Superfoods

Wenn Superfoods nicht halten, was sie versprechen, ist das für Konsument*innen zwar mitunter ärgerlich, aber zunächst nicht weiter dramatisch. Handfeste Probleme entstehen an ganz anderer Stelle: Viele dieser Lebensmittel reisen Tausende Kilometer in Schiffscontainern oder als Flugfracht um den Globus, ehe sie bei uns im Supermarkt erhältlich sind. Dass die Klimabilanz bei derartig langen Transportwegen schlecht ausfällt, liegt auf der Hand. Doch der Anbau in Ländern mit häufig vergleichsweise geringen Umweltschutzstandards hat noch weitere negative Auswirkungen auf die Umwelt, wenn beispielsweise riesige Monokulturen ohnehin knappes Wasser verschlingen und Böden mit Agrochemikalien belastet werden. Auch für die Menschen in den Produktionsländern hat die rasant steigende Nachfrage nach den Superfoods nicht nur Vorteile. Die Folgen erstrecken sich über Konflikte um Land, Saatgutrechte und Marktzugänge bis hin zur Ausbeutung der Arbeitskräfte.

Diese Schattenseiten wollen wir hier am Beispiel von vier beliebten Superfoods genauer darstellen: Avocado, Quinoa, Mandeln und Kakao. Diese Lebensmittel veranschaulichen jeweils unterschiedliche Negativfolgen des Konsums besonders deutlich.

ohne Avocado und Co. Sie beweisen: Vielfalt und Gesundheit sind auch bei einer ausschließlich regionalen und saisonalen Ernährung möglich.

Oftmals verschwiegen werden in Bezug auf Superfoods zudem solche Untersuchungsergebnisse, die gegen einzelne Superfoods sprechen, beispielsweise massive Schadstoffbelastungen. Selten gibt es transparente Informationen der Hersteller zu Anbaubedingungen und Produktion in den Herkunftsregionen. Bei der Zulassung von Chia beispielsweise kritisierte die Europäische Behörde für Lebensmittelsicherheit (EFSA) in ihrer Sicherheitsbewertung von 2005 zwei Punkte: Erstens wurde das Saatgut in manchen Fällen mit Pflanzenhormonen behandelt, um das zeitgleiche Auskeimen der Saat sicherzustellen. Zweitens wurde auf den Anbauflächen ein in Europa ab 2007 verbotenes Bodenherbizid (Trifluralin)

Avocado

Die Avocado verkörpert den Hype um die Superfoods par excellence. Sie hat es in unzählige Diät- und Fitnessprogramme geschafft, ist auf zahlreichen Speisekarten zu finden und zum Sinnbild für bewussten und gesunden Konsum in Lifestyle- und Food-Blogs geworden – allein bei Instagram wurden bisher über zehn Millionen Fotos mit dem Hashtag Avocado hochgeladen.[17]

Was ist das?

Die ursprünglich aus Mexiko stammende, runde bis birnenförmige Frucht – es handelt sich um eine Beere aus der Gattung der Lorbeergewächse – verdankt ihren Namen dem aztekischen *Ahuacatl*. Gelegentlich wird sie auch als »Butterfrucht« oder »Alligatorbirne« bezeichnet. Heutzutage findet der Anbau in zahlreichen Ländern der Welt statt, insbesondere in subtropischen Gebieten, allen voran Mexiko. Hier lassen sich insbesondere die Sorten »Hass« und »Fuerte« finden.

Warum ist das »super«?

Buttrig-weich und leicht nussig im Geschmack – das grüne Fleisch der reifen Früchte ist in der Tat ein wahrer Gaumenschmaus und kommt als kleines Kraftpaket daher. Voll mit zahlreichen ungesättigten Fettsäuren, liefert es außerdem Vitamin D, Vitamin E, Folat (die natürliche Form der synthetisch hergestellten Folsäure), Kalium und Niacin sowie wichtige Eiweißbausteine. Die Avocados sollen den Körper fit und die Figur schlank halten, den Cholesterinspiegel senken und gleichzeitig höchst sättigend sein.

Mit diesen Eigenschaften ist sie längst zu einem festen Bestandteil der veganen und vegetarischen Küche geworden. Ob süß oder herzhaft, Avocados finden durch ihre cremige Konsistenz und den besonderen Geschmack vielseitige Verwendung: als Brotaufstrich, in Smoothies, Salatdressings oder süßen Puddings. Darüber hinaus werden ihre positiven Attribute nicht nur in der Ernährung, sondern auch in der Kosmetik, beispielsweise bei Gesichtsmasken oder Haarlotionen, eingesetzt.

Warum nicht?

Gleichzeitig mit steigenden Exportzahlen haben in vielen Anbaugebieten die Probleme zugenommen, wodurch die angebliche Wunderfrucht zur wahrhaftigen Problemfrucht geworden ist. Allein im letzten Jahrzehnt hat sich die Importmenge der Avocados nach Deutschland mehr als vervierfacht: Wurden im Jahr 2008 noch unter 20.000 Tonnen eingeführt, waren es 2018 bereits über 93.000 Tonnen – Tendenz weiterhin steigend.[18] 2017 stand Deutschland mit einem Importwert von etwa 270 Millionen US-Dollar weltweit an fünfter Stelle der größten Avocadoimporteure, mit einer Importmenge von circa 73.000 Tonnen. Das mit Abstand wichtigste Importland bleiben aber die USA. Dort wurden im selben Jahr circa 985.000 Tonnen Avocados mit einem Importwert von etwa 3 Milliarden US-Dollar eingeführt.[19, 20]

Und das hat Folgen: Allein in der Periode 2018/19 wurden in Mexiko über zwei Millionen Tonnen Avocados produziert, was in der gleichen Zeit circa 30 Prozent der weltweiten Erntemenge entsprach.[21] Vier verschiedene Mikroklimazonen erlauben es, hier das ganze Jahr über Avocados zu produzieren.[22] Im Bundesstaat Michoacan erstrecken sich die Avocadoplantagen über 162.000 Hektar und tragen damit zu mehr als zwei Drittel der Anbauflächen für Avocados des gesamten Landes bei – im Jahr 2000 lag die gesamte Avocadoanbaufläche Mexikos noch bei circa 95.000 Hektar.[23] Dies führt zu steigenden Preisen im eigenen Land, einem enormen Flächendruck und illegalen Abholzungen von Wäldern.[24] Schätzungsweise werden in Mexiko jährlich circa 1.500 bis 4.000 Hektar Wald gerodet, um Platz für neue Avocadoplantagen zu schaffen.[23] Hinzu kommen der intensive Einsatz von Pestiziden in den Avocadomonokulturen sowie der hohe Verbrauch von Wasser: Je nach Region benötigt ein Kilogramm Avocado – das entspricht circa zwei bis drei Früchten – zwischen 500 und 1.000 Liter Wasser bis zur Erntereife.

Die mexikanische Umweltschutzorganisation GIRA weist darauf hin, dass der massenhafte Anbau in Monokulturen nicht nur eine Gefahr für die örtlichen Ökosysteme darstellt, sondern auch zu sozialen Problemen führt: Etwa 80 Prozent der Wälder in Mexiko sind Eigentum von Dorfgemeinschaften, die ihr Land gemeinschaftlich verwalten. Doch mit dem Verkauf oder der illegalen Landnahme dieser Flächen bricht das soziale Gefüge langsam auseinander.[25]

Darüber hinaus sind längst Drogenkartelle und andere kriminelle Organisationen auf das lukrative Geschäft mit den sogenannten grünen Gold aufmerksam geworden. Das führte im letzten Jahrzehnt zu teilweise tödlichen Auseinandersetzungen mit Landwirt*innen und Bewohner*innen der Anbaugebiete. Aus Not und aufgrund unzureichender Hilfe des Staates haben sich Bürgerwehren gegründet, um die eigene Sicherheit zu garantieren und die Plantagen zu schützen. Der mit Michelin-Sternen ausgezeichnete irische Koch J. P. McMahon bezeichnete die Avocado als die »Blutdiamanten Mexikos« und forderte von seinen Kolleg*innen in der Gastronomie einen bewussteren Umgang oder gar den Verzicht.[26]

Während in Mexiko im Kontext der Avocadoplantagen die fortschreitenden Landnahmen und Waldrodungen zu steigenden Konflikten führen, ist es in Chile vor allem die Wasserknappheit. Chile ist eines der wenigen Länder, in denen Wasser nahezu vollständig privatisiert wurde. Private Unternehmen haben seit den 1980er-Jahren Wasserrechte vom Staat übertragen bekommen – teils ohne Auflagen, die über die Dauer oder Art und Weise des Wassereinsatzes bestimmen würden. Schätzungsweise sind heute bereits 80 Prozent des Trinkwassers in Gebrauch des Agrobusiness.[27]

In der chilenischen Region Petorca wird dies besonders deutlich. Hier hat der große Einsatz von künstlicher Bewässerung auf Avocadoplantagen dazu geführt, dass die Flüsse Petorca und Ligua bereits seit Jahren ausgetrocknet sind. Die Wasserrechte in der Region sind für ersteren Fluss bereits zu über 90 Prozent vergeben – das jedoch an lediglich vier Familien.

Avocadoanbau weltweit[*]
Entwicklung Produktion weltweit

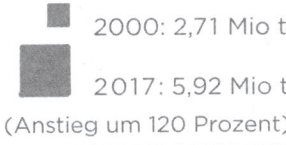

2000: 2,71 Mio t

2017: 5,92 Mio t
(Anstieg um 120 Prozent)

Rasant steigender Import[**]
von Avocadofrüchten nach Deutschland

2010: 27.914,7 t

2018: 92.746,9 t
(Anstieg um 230 Prozent)

Langer Transportweg[***]
Von Tampico, Mexiko, per Frachtschiff nach Hamburg, Deutschland

9.771 km

Wasserverbrauch[****]
für 1 kg Avocado (je nach Region)

bis 1.000 Liter

Klimaschädigung durch Entwaldung[*****]
Waldrodung für Avocadoanbau in Mexiko

ca. 1.500 bis 4.000 ha pro Jahr

[*] Statista (2019): Avocado production worldwide from 2000 to 2017.
[**] Statista (2019): Import von Avocadofrüchten nach Deutschland in den Jahren 2010 bis 2018 (in Tonnen).
[***] Searoutes: searoutes.com. Abfrage Tampico – Hamburg. Website.
[****] Spiegel Online (2016): Avocado-Boom führt zu illegaler Abholzung in Mexiko. Online-Artikel.
[*****] Greenpeace Magazin (2016): Globaler Heißhunger auf Avocado zerstört Wälder in Mexiko. Online-Artikel.

Aufgrund der Monopolisierung der Wasserrechte kommt es vermehrt zu illegalen Wasserentnahmen direkt aus den Flüssen sowie zu illegalen Brunnenbauten, die das Grundwasser stetig sinken lassen. Während Agrarunternehmen ihre Anbauflächen kontinuierlich erweitern, fehlt es Kleinbäuer*innen und Anwohner*innen vor Ort an genügend Trinkwasser. Da eigene Brunnen durch den Rückgang des Grundwassers bereits seit einigen Jahren versiegt sind, müssen sie über Tankwagen aus angrenzenden Regionen mit Wasser versorgt werden. Aus dem Wassermangel resultieren zum Teil gravierende Konflikte: Umweltschützer*innen vor Ort, die den Wasserraub anprangern und mit ihren Forderungen vor Gericht ziehen, sehen sich immer wieder Morddrohungen ausgesetzt.[27]

Im Jahr 2018 importierte Deutschland nahezu 16.000 Tonnen Avocados aus Chile. Darunter waren auch Avocados aus Petorca im Supermarkt erhältlich, wie eine *Weltspiegel*-Reportage der ARD aufdeckte.[28]

ALTERNATIVEN

In so manchem Trendgericht lässt sich Avocado problemlos durch Erbsenpüree ersetzen, zum Beispiel in veganem Brotaufstrich oder als cremige Basis für Pastasoßen (siehe dazu auch das Rezept der Pasta mit Erbsen und Kräutern auf Seite 101). Wenn du nicht auf die Zufuhr der in Avocados enthaltenen ungesättigten Fettsäuren verzichten willst, kannst du guten Gewissens zu Walnüssen aus regionalem Anbau greifen.

Bevor du allerdings vom Avocadotoast wieder auf Käse-Schinken umsteigst, noch ein Hinweis: Bei aller Problematik schneidet die Avocado in der Klimabilanz immer noch besser ab als Fleisch. Wie so oft geht es auch hier um Verhältnismäßigkeit. Avocados können eine fleischarme oder -lose Ernährung durchaus aufpeppen – beziehe sie dann am besten zur Saison (Oktober bis April) und aus ökologischem Anbau aus Südeuropa. Mehrmals wöchentlich oder gar täglich Avocados zu essen ist mit einem umweltverträglichen Lebensstil hingegen nicht vereinbar.

QUINOA

Ob als Bowl, Salat, Bratling oder Mehl: Quinoa hat in den letzten Jahren die Herzen vieler Foodies in Europa erobert, denn die kleinen Samen aus Südamerika gelten als gesund, sind glutenfrei, bieten kulinarische Abwechslung und lassen sich leicht und vielseitig zubereiten. Doch die rasant gestiegene Nachfrage führt zu Veränderungen in den Märkten der Herkunftsländer, und das nicht immer zum Wohle der lokalen Bevölkerung.

WAS IST DAS?

Quinoa wird bereits seit mehreren Tausend Jahren in der Andenregion in Südamerika angebaut. Sie ist bis heute Grundnahrungsmittel für viele Bäuer*innen der Region, denn die Pflanze ist robust und eignet sich daher gut für den Anbau im Klima der Anden.[29,30] Obwohl Quinoa wie Getreide aussieht und verarbeitet wird, zählt sie nicht zu den Gräsern, sondern zur Familie der Gänsefußgewächse,[31] wie zum Beispiel auch Spinat oder Mangold.[32] Daher wird sie als »Pseudogetreide« bezeichnet.[33] Quinoa wird ähnlich wie Reis gekocht, in gepuffter Form zum Beispiel in Müsli oder Schokoriegeln verwendet oder als Mehl in Backwaren verarbeitet. Quinoasamen können gelblich weiß, rot oder schwarz sein, was gemischt auf dem Teller ein hübsches Bild ergibt.

WARUM IST DAS »SUPER«?

Da Quinoa glutenfrei ist, eignet sie sich insbesondere als Getreideersatz bei Glutenunverträglichkeit. Im Vergleich mit den gängigen Getreidearten enthält sie viel Calcium, Magnesium, Eisen, Kupfer und Zink, sie gilt außerdem als Quelle für Vitamin E und Omega-6-Fettsäuren. Häufig wird auch der hohe Proteingehalt von Quinoa hervorgehoben. Tatsächlich enthält Quinoa je nach Sorte um die 15 Gramm Eiweiß pro 100 Gramm und damit deutlich mehr Proteine als die meisten pflanzlichen Lebensmittel. Andere Getreidearten wie Weizen oder Roggen kommen aber auf ähnliche Werte. Hülsenfrüchte schneiden beim Proteingehalt meist sogar deutlich besser ab. Stattdessen ist aber die Zusammensetzung der in Quinoa enthaltenen Proteine bemerkenswert: Sie ähneln dem in Milch enthaltenen Kasein, was Quinoa vor allem für eine vegane Ernährung interessant macht.[34,35]

WARUM NICHT?

Die kleinen Körner reisen in der Regel um den halben Globus, ehe sie bei uns auf dem Teller landen: Mehr als 90 Prozent der Quinoa-Weltproduktion werden in Peru und Bolivien angebaut.[36] Doch die Geschichte der Quinoa zeigt auch, wie komplex die Folgen der Einbindung lokal-traditioneller Produkte in den Weltmarkt sein können.

In den Anden war Quinoa lange ein Grundnahrungsmittel. Die lokale Nachfrage ging jedoch in der zweiten Hälfte des 20. Jahrhunderts zurück, da zunehmend importierte Weizenprodukte konsumiert wurden, die althergebrachte Nahrungsmittel ersetzten.

Um sich neue Absatzmöglichkeiten zu erschließen, begannen daher Kleinbäuer*innen in den Anden, Quinoa gezielt nach Nordamerika und Europa zu vermarkten. Hier stießen die als besonders gesund geltenden Körner in der seit den 1980er-Jahren wachsenden Bio- und Reformkostszene auf rege Nachfrage. Die Exportstrategie erwies sich als überaus erfolgreich: 2015 wurde mehr als drei Viertel der in Bolivien produzierten Quinoa exportiert.

Von diesem Quinoaboom profitierten viele ländliche Gemeinden in den Anden: Die Einkommen stiegen, die schrumpfende Bevölkerung begann wieder zu wachsen. Doch brachte der Boom auch Probleme mit sich. So wurden die Anbauflächen deutlich ausgeweitet und dabei Brachzeiten häufig nicht mehr eingehalten, mit negativen Auswirkungen auf Biodiversität und Bodenfruchtbarkeit.

Traditionell bildeten Quinoaanbau und Lamazucht ein eingespieltes Ökosystem. Doch da sich die Lamazucht gegenüber dem Quinoaanbau bald nicht mehr lohnte, geriet dies aus dem Gleichgewicht. Nun mangelt es jedoch an Dünger, den ursprünglich die Lamas produzierten.

Zudem kommt es immer wieder zu Konflikten zwischen alteingesessenen Dorfbewohner*innen und denjenigen, die – angelockt durch die vielversprechenden Quinoapreise – aus den Städten in die Dörfer ihrer Familien zurückkehren. Schlimmer als diese lokalen Konflikte ist für Kleinbäuer*innen aus den Anden jedoch, dass durch den Boom internationale Saatgutkonzerne auf Quinoa aufmerksam geworden sind und zum Teil versuchen, ihre Züchtungen zu patentieren.[b]

Das Quinoasaatgut wurde mittlerweile so weiterentwickelt, dass es auch in anderen Regionen der Welt angebaut werden kann – hier allerdings meist im industriellen Stil. Diese industrielle Produktion steht nun in direkter Konkurrenz zum traditionellen kleinbäuerlichen Anbau und bedroht Kleinbäuer*innen in ihrer Existenz. Denn der Andenraum eignet sich aufgrund seiner kargen Böden und des speziellen Klimas hauptsächlich für den Quinoaanbau. Die Kleinbäuer*innen dort haben also kaum eine Ausweichmöglichkeit.[31]

ALTERNATIVEN

Die Frage nach Alternativen zu Quinoa ist ebenso komplex wie die Folgen des Quinoabooms. Denn kompletter Verzicht ist an dieser Stelle nicht unbedingt die beste Lösung. Aufgrund des langen Transportwegs sollte Quinoa aus den Anden mit Blick auf den Klimaschutz wohl kein Grundnahrungsmittel in einer europäischen Ernährung werden. Andererseits scheint

· · · · · · · · · · · · · · · ·

b   Seit Jahrtausenden ist das Tauschen und Wiederverwenden von eigens geerntetem Saatgut ein bäuerliches Recht, das durch Saatgutpatente in Frage gestellt wird. Denn patentiertes Saatgut ist nicht mehr frei zugänglich, sondern muss käuflich erworben werden. Somit können Kleinbäuer*innen in die Abhängigkeit von Konzernen getrieben werden. Die Unternehmen könnten dann schlimmstenfalls nicht nur über die Vielfalt der angebauten Produkte entscheiden, indem Züchtungen verändert werden, sondern durch zeitlich eingeschränkte Liefer- und Verkaufsbedingungen zum Beispiel auch die Anbausaison begrenzen.

Konkurrenz durch neu entstehenden industriellen Anbau (Ertrag pro Jahr) *

· kleinbäuerlicher Betrieb in den Anden
· Quinoafarm an der Küste Perus

 1.100 kg/ha
12.000 kg/ha

Rasanter Anstieg des Anbaus **

Entwicklung Anbaufläche in Peru

 2004: 28.763 ha

2014: 68.099 ha

(Anstieg um 140 Prozent)

Preisschwankungen ***

unter anderem durch industrielle Konkurrenz

 2000: 0,25 $/Pfd.

2014: 4,00 $/Pfd.

 2018: 0,60 $/Pfd.

Langer Transportweg ****

von Callao, Peru, per Frachtschiff nach Hamburg, Deutschland

11.991 km

Konkurrenz durch Anbau in anderen Regionen *****

Anzahl der Quinoasorten, die versuchsweise in Norddeutschland angebaut werden

2018: 350

Hohe Anhängigkeit von Exporten ******

Anteil der in Peru angebauten Quinoa, der exportiert wird

2017: 66 Prozent

*   Nacla (2018): The Quinoa Boom Goes Bust in the Andes. Online-Artikel von E. McDonell.

**   Statista (2015): Anbaufläche von Quinoa in Peru von 2000 bis 2014 (in Hektar).

***   Nacla (2018): The Quinoa Boom Goes Bust in the Andes. Online-Artikel von E. McDonell.

****   Searoutes: searoutes.com. Abfrage Callao – Hamburg. Website.

*****   Innovations report (2018): Growing quinoa in Europe. Kiel research shows: in five years large-scale cultivation would be possible. Forum for Science, Industry and Business. Online-Artikel von B. Pawlowski.

******   Statista (2019): Quinoa export volume of Peru from 2013 to 2017 (in million kilograms).

es auch keine Lösung zu sein, auf Quinoa aus Europa auszuweichen. Denn – sofern überhaupt verfügbar – das würde den Absatzmarkt zerstören, den sich die südamerikanischen Kleinbäuer*innen mühsam aufgebaut haben. Ein Kompromiss könnte ein sehr moderater Konsum von importierter Quinoa sein. Hierbei sollte insbesondere darauf geachtet werden, fair gehandelte und biologisch produzierte Quinoa zu beziehen, um Kleinbäuer*innen zu unterstützen und die Umweltbelastung möglichst gering zu halten.

Für die Liebhaber*innen täglicher Lunch Bowls empfiehlt es sich hingegen, auf andere Produkte umzusteigen. Als heimische Alternative bietet sich beispielsweise Hirse an, die fast identisch wie Quinoa zubereitet werden kann und ebenso glutenfrei ist. Leider wird jedoch auch Hirse häufig importiert, sodass es wichtig ist, beim Kauf auf eine lokale Herkunft zu achten. Eine weitere Alternative ist Buchweizen, der – anders als der Name es vermuten lässt –, kein Getreide ist. Auch Buchweizen ist glutenfrei und kann wie Reis gekocht werden. Vielfalt auf den Teller bringen zudem Getreidesorten wie Dinkel oder Grünkern, allerdings enthalten diese Gluten.

Kakao

Der größte Anteil des in Deutschland verkauften Kakaos wird wohl nicht aus gesundheitlichen, sondern aus rein geschmacklichen Gründen verzehrt. Doch in den letzten Jahren erfreut sich Kakao auch außerhalb der Süßwarenindustrie zunehmender Beliebtheit. Von Schokolade mit 100 Prozent Kakaogehalt über Kakaonibs und rohe Kakaobohnen bis hin zu Kakaobutter soll eine ganze Reihe an Kakaoprodukten wahre Gesundheitswunder vollbringen können. Doch ein Blick hinter die Heilsversprechen lohnt sich, denn der Anbau von Kakao ist vor allem in sozialer Hinsicht problematisch.

Was ist das?

Der Kakaobaum stammt ursprünglich aus Lateinamerika und benötigt tropisches Klima. Daher wird Kakao hauptsächlich in Ländern nahe des Äquators angebaut. Die Früchte wachsen direkt am Stamm und werden zur Ernte in Handarbeit mit langen Messern abgeschnitten. Im Innern der Frucht befinden sich das Fruchtmus und die Samen, die zunächst weiß sind. Beides wird zusammen fermentiert, erst dadurch entwickeln die Kakaobohnen ihr typisches Aroma und die braune Farbe. Danach werden die Bohnen getrocknet und zur Weiterverarbeitung in der Regel exportiert. Aus den gerösteten und gemahlenen Kakaobohnen werden dann Kakaopulver und Kakaobutter gewonnen, die zum Beispiel als Ausgangsprodukte für Schokolade dienen. Zur Herstellung von Kakaonibs werden die Bohnen nicht gemahlen, sondern nur zerbrochen.[37,38,39]

Warum ist das »super«?

Schokolade schmeckt einfach gut, keine Frage. Kakao werden zudem auch viele gesundheitsfördernde Eigenschaften nachgesagt. So enthält er Magnesium, Kalium, Phosphor und Eisen sowie einfach ungesättigte Fettsäuren, die sich günstig auf den Cholesterinspiegel auswirken sollen. Kakao ist außerdem reich an Flavonoiden, die als Antioxidantien die Entstehung von Krebszellen und eine vorzeitige Alterung verhindern können. Das enthaltene Flavonol soll zudem den Blutdruck senken und das Schlaganfallrisiko mindern. Außerdem enthält Kakao Serotonin und dessen Vorstufe Tryptophan, die beide einen positiven Einfluss auf die Stimmung und den Schlaf-Wach-Rhythmus haben. Insbesondere roher, ungerösteter Kakao gilt als gesund, da in ihm besonders viele der wertvollen Inhaltsstoffe erhalten bleiben. Roher Kakao soll zudem das Sättigungsgefühl steigern, den Appetit verringern, die Verdauung fördern und so beim Abnehmen helfen. Allerdings verlieren die positiven Wirkungen bei vielen Schokoladen und Kakaomischungen aufgrund des hohen Zucker- und somit Kaloriengehalts weitgehend ihre Bedeutung. Der gleichzeitige Konsum von Milch blockiert zudem die Antioxidantien, sodass für eine positive Wirkung vor allem der Verzehr von Schokoladen ohne Milch und mit hohem Kakaoanteil sowie die Verwendung von purem Kakaopulver oder Kakao-Nibs empfohlen wird.[40,41,42]

Warum nicht?

Da Kakao in den Tropen angebaut werden muss, schlägt sich auch hier der lange Transportweg in einer schlechten Klimabilanz nieder. Auch im Rahmen der Produktion der Bohnen entstehen hohe Treibhausgasemissionen, denn oftmals werden native Waldbestände für Kakaoplantagen gerodet.[43] Doch besonders aus sozialer Perspektive hat der Kakaoanbau dramatische Folgen. Die überwiegende Mehrheit der Kakaoanbauenden sind Kleinbäuer*innen. Trotz der hohen Nachfrage reicht das Einkommen selten für ein Leben in Würde: Die meisten Anbauenden verdienen weniger als 1,25 US-Dollar pro Tag und sind somit laut Definition der Weltbank arm. In den beiden größten kakaoproduzierenden Ländern der Welt liegt der Verdienst sogar noch darunter: In Ghana verdienen die Bäuer*innen nur 75 Cent pro Kopf und Tag, in der Elfenbeinküste 50 Cent. Für ein Leben jenseits der Armut hingegen wären in beiden Ländern mehr als zwei Euro pro Tag nötig.[44,45,46]

Die Kakaobohnen werden nach dem Trocknen überwiegend in Europa und Nordamerika weiterverarbeitet, wodurch der Großteil der Wertschöpfung im Globalen Norden erfolgt.

Lediglich sieben Prozent des Ladenpreises einer Tafel Schokolade kommen den Produzent*innen zugute.[45,46]

Durch die Armut ist auch Kinderarbeit in den westafrikanischen Anbauländern ein großes Problem. Diese ist zwar an sich verboten, die Gesetze werden aber nur selten durchgesetzt, denn für viele Familien hängt das bloße Überleben von der Arbeit der Kinder ab. Eine Studie der Tulane University in New Orleans ergab, dass in der Saison 2013/14 mehr als zwei Millionen Kinder im ghanaischen und ivorischen Kakaosektor arbeiteten. Das entspricht fast jedem zweiten in den Kakaoanbaugebieten lebenden Kind. Die meisten dieser Kinder, von denen viele nicht mehr als fünf bis elf Jahre alt waren, mussten dabei als gefährlich eingestufte Arbeiten verrichten. Ihre Arbeit fällt somit nach Definition der Internationalen Arbeitsorganisation in die Kategorie der »schlimmsten Formen der Kinderarbeit«. Zum Teil werden sogar Kinder aus den westafrikanischen Nachbarländern verschleppt und als Sklaven für den Kakaoanbau verkauft.[45,47,48,49]

Alternativen

Rein geschmacklich ist Kakao wohl kaum zu ersetzen. Das bedeutet jedoch nicht, dass auf Süßes verzichtet werden muss. Unter unseren Rezepten findest du einige Ideen, die die Lust nach einer leckeren Nachspeise stillen können.

Zudem könnte es in Zukunft sogar kakaofreie Schokolade geben: Forscher des Deutschen Instituts für Lebensmitteltechnik haben eine Schokolade entwickelt, deren Kakaobutteranteil komplett durch aus Insekten gewonnenes Fett ersetzt wird. Weiße Schokolade wäre dann

Geringe Wertschöpfung in den Anbauländern[*]

Vom Ladenpreis einer Tafel Schokolade erhalten
· die Kakaoanbauenden
· die Schokoladenhersteller*innen und
  der Einzelhandel (im Globalen Norden)

 7 Prozent

70 Prozent

Weitverbreitete Kinderarbeit[**]

· Kinder aus Ghana und der Elfenbeinküste, die
  im Kakaosektor arbeiteten (Saison 2013/14)
· davon Kinder, die gefährliche Arbeiten
  verrichten mussten (Saison 2013/14)

 2,26 Millionen

2,03 Millionen

Armut der Kakaoanbauenden[***]

· Verdienst an der Elfenbeinküste
· Verdienst in Ghana
· Verdienst für ein menschenwürdiges
  Leben

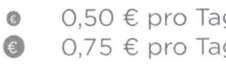 0,50 € pro Tag

0,75 € pro Tag

 2,00 € pro Tag

Langer Transportweg[****]

Von Accra, Ghana, per Frachtschiff
nach Hamburg, Deutschland

 7.791 km

Klimaschädigung durch Entwaldung[*****]

· Waldverlust in der Elfenbeinküste 80 Prozent
· davon für den Kakaoanbau   ca. 20 Prozent

[*] Bommert, W. / Landzettel, M. (2017): Verbrannte Mandeln. Wie der Klimawandel unsere Teller erreicht. München: dtv.
Südlink 181 (2017): Wer verdient an der Schokolade? Artikel von J. Schorling.
[**] Tulane University (2015): 2013/14 Survey Research on Child Labor in West African Cocoa Growing Areas. Final Report.
New Orleans, LA.
[***] Bommert, W. / Landzettel, M. (2017): Verbrannte Mandeln. Wie der Klimawandel unsere Teller erreicht. München: dtv.
[****] Searoutes: searoutes.com. Abfrage Accra – Hamburg. Website.
[*****] Forest Carbon Partnership Facility (2018): Côte d'Ivoire. ResourceTrade. Earth: Cocoa Trade, Climate Change and Deforestation.
Online-Artikel von A. Hoare, R. King und S. Airey.

frei von Kakao, für dunkle Schokolade würde immerhin nur das Kakaopulver benötigt.[50] Bis die Insektenschokolade im Laden erhältlich ist, sollte beim Schokoladen- oder Kakaokauf insbesondere auf Fair-Trade-Zertifizierungen geachtet werden – siehe dazu auch die Infobox »Was bringen Fair-Trade-Siegel?«.

Die positive Gesundheitswirkung von Kakao lässt sich hingegen durch viele regional verfügbare Lebensmittel ersetzen. Hinsichtlich der Inhaltsstoffe weisen beispielsweise getrocknete Pfifferlinge und Weizenkleie ebenfalls viel Kalium und Phosphat auf, Letzteres liefert auch Roggenschrot. Sonnenblumenkerne enthalten wie Kakao Tryptophan, die Vorstufe von Serotonin, was auch als Glückshormon bekannt ist.

Was bringen Fair-Trade-Siegel?

Auch wenn Fair Trade immer wieder in der Kritik steht, sind sich die meisten Tests und Medienberichte einig, dass jedes der Siegel nachweislich Verbesserungen für die Anbauenden bewirkt. Die Tulane University in New Orleans nennt in ihrer Studie zu Kinderarbeit im Kakaoanbau die Zertifizierung durch unabhängige Akteure als »großen Schritt in die richtige Richtung«. Dennoch bestehen zwischen den Siegeln entscheidende Unterschiede. So lassen sich Rainforest Alliance und UTZ eher als Mindeststandards verstehen, die den Bäuer*innen zum Beispiel keinen Mindestpreis garantieren. Testsieger bei der Stiftung Warentest war im Jahr 2016 das Naturland-Fair-Siegel, das neben fairen Preisen für Erzeuger*innen im Globalen Süden auch fairen Handel mit den europäischen Milchbäuer*innen garantiert. Doch auch das bekannte Fair-Trade-Siegel von Transfair und das Rapunzel-Siegel »Hand in Hand« wurden überwiegend mit sehr gut bis gut bewertet.[51] Daher gilt die Faustregel: Jedes Siegel ist besser als gar keine Zertifizierung.[52]

MANDELN

Im Gegensatz zu den meisten anderen Superfoods sind Mandeln hierzulande keine Neuentdeckung, doch in den letzten Jahren erlebten sie einen Beliebtheitsboom. Das liegt neben ihren Inhaltsstoffen auch daran, dass aus Mandeln hergestellte Milchersatzprodukte zu einem wichtigen Bestandteil der veganen Küche geworden sind.

WAS IST DAS?

Der Mandelbaum stammt ursprünglich aus Südwestasien. Klimatisch gedeiht er am besten bei trockenen und heißen Sommern mit kurzen und regenreichen Wintern. Er zählt zu den ältesten Kulturgehölzen der Mediterranregion. Nach Europa wurde die Mandel vermutlich von den Römern gebracht. Hier wird sie bis heute vor allem im Mittelmeerraum angebaut, reift aber theoretisch in allen Weinanbaugebieten.[53, 54]

WARUM IST DAS »SUPER«?

Mandeln liefern ungesättigte Fettsäuren und sind eine gute Quelle für verschiedene Mineralstoffe wie Magnesium, Mangan, Phosphor, Calcium und Kupfer sowie die Vitamine B und E. Bei der Verarbeitung mit Schale sind sie zudem ballaststoffreich, aber dennoch leicht verdaulich. Außerdem sind Mandeln glutenfrei, kohlenhydratarm und enthalten etwa 20 Prozent Eiweiß. Sie eignen sich daher für viele aktuell beliebte Ernährungsweisen von Low Carb bis vegan-vegetarisch.[55, 56]

Mandeln lassen sich auch gut zu Milch- und Mehlersatzprodukten verarbeiten: Mandelmehl, ein Nebenprodukt der Mandelölherstellung, wird gerne als Zutat in glutenfreien Backwaren eingesetzt. Mandeldrink und -käse erfreuen sich nicht nur unter Veganer*innen zunehmender Beliebtheit: Im Gegensatz zu Milchersatz auf Getreidebasis schmeckt Mandeldrink nicht süß und kann daher auch in herzhaften Speisen verwendet werden. Mandelmus kann sehr universell zum Backen und Kochen genutzt werden, es eignet sich für Desserts, Smoothies, als Brotaufstrich und kann auch Sahne ersetzen.[57]

WARUM NICHT?

Etwa 80 Prozent aller Mandeln, die weltweit hergestellt werden, stammen aus Kalifornien. Fast ein Drittel der kalifornischen Mandeln werden dabei in die EU exportiert. Auch hier schlägt also zunächst der lange Transportweg mit entsprechend schlechter Klimabilanz zu Buche. Außerdem verbraucht der Mandelanbau viel Wasser: Medienberichten zufolge soll die Produktion einer einzigen Mandel etwa vier Liter erfordern. Einige Studien kommen sogar zu noch höheren Zahlen und errechnen einen Verbrauch von bis zu 15 Liter Wasser pro Mandel. Und das ausgerechnet in Kalifornien – einer Gegend, die ohnehin unter starkem Wassermangel leidet. Dort blieben in den letzten Jahren bereits Flächen mit fruchtbarsten Böden brach liegen, weil schlicht kein Wasser zur Bewässerung mehr vorhanden war.

Das Ausweichen auf Mandeln aus europäischer Produktion ist aus Klimaschutzgründen grundsätzlich sinnvoll, doch die Problematik des hohen Wasserverbrauchs bleibt. Denn auch hier werden Mandeln vor allem in Gegenden angebaut, in denen Wasser knapp ist. Anders als bei den meisten Gemüse- und Getreidearten, die jedes Jahr erneut ausgesät werden, können für Mandeln genutzte Anbauflächen in besonders trockenen Jahren nicht brach liegen gelassen werden, um Wasser zu sparen, denn Mandelbäume müssen in trockenen Regionen dauerhaft bewässert werden. Somit ist Mandelanbau im großen Stil eigentlich gerade für Gegenden, die immer wieder unter Dürre leiden, ungeeignet.[58,59,60,61,62]

Durch die steigende Nachfrage hat die Mandelproduktion stark zugenommen: Wurden in Kalifornien Ende der 1990er-Jahre noch 270 Millionen Kilogramm Mandeln produziert, waren es 2012 bereits 1,8 Milliarden Kilogramm – mehr als sechsmal so viel. Innerhalb von 20 Jahren hat sich die Anbaufläche mehr als verdoppelt, im Jahr 2016 wurden in Kalifornien auf mehr als einer halben Million Hektar Mandeln angebaut. Mandeln nehmen somit von allen in Kalifornien angebauten und zu bewässernden Pflanzen die meiste Fläche ein. Fast drei Viertel dieser Fläche liegt wiederum im San Joaquin Valley. Dort sind gigantische Monokulturen entstanden, in denen es außerhalb der Mandelblüte nichts gibt, was bestäubende Insekten ernähren könnte. Das ist fatal für die Artenvielfalt, hat aber auch Auswirkungen auf das Tierwohl: Damit die Mandelbäume ohne heimische Insekten bestäubt werden, mieten Landwirt*innen Bienenvölker an, die nach der Mandelblüte über Tausende Kilometer zu den Apfel- und Birnenplantagen in Oregon, Washington oder sogar Maine und New York gefahren werden – eine Praxis, die als ein Faktor zum Bienensterben durch Colony Collapse Disorder (CCD)[c] beiträgt. Die Entscheidung, ob Mandelprodukte somit überhaupt als vegan eingestuft werden können, wenn der Grundsatz »keine Ausbeutung und Grausamkeit gegen Tiere« die Bewertungsgrundlage für eine vegane Ernährung bildet, bleibt letztlich jeder und jedem selbst überlassen.[45,58,61,63]

ALTERNATIVEN

Anstelle von Mandeln lassen sich sehr gut heimische Nüsse und Saaten wie Walnüsse, Haselnüsse oder auch Sonnenblumenkerne verwenden. In einer Pfanne geröstete Haferflocken, vermischt mit ein paar Tropfen Bittermandelöl, sind ein guter Ersatz, wenn das Mandelaroma benötigt wird. Statt Mandeldrink empfehlen sich andere pflanzliche Milchersatzprodukte wie Hafer- oder Hirsedrink, auch wenn diese nicht die wertvollen Inhaltsstoffe der Mandel aufweisen. Aktuell noch wenig verbreitet, versprechen zudem Hanf-, Lupinen- oder Erbsendrinks zukünftig zur gesünderen und nachhaltigeren Alternative zu werden. Müssen es doch einmal Mandeln sein, ist es sinnvoll, auf europäische Herkunft und biologischen Anbau zu achten, um die negativen Umweltauswirkungen so weit wie möglich zu reduzieren.[57]

· · · · · · · · · · · · ·

c CCD beschreibt das Phänomen des plötzlichen Verschwindens ganzer Bienenvölker in Nordamerika, das bislang noch nicht vollständig erforscht ist. Es wird davon ausgegangen, dass nicht ein einzelner Faktor, sondern eine Kombination verschiedener Einflüsse CCD auslöst. Neben dem Transportstress ist beispielsweise der Einsatz von Chemikalien in der Landwirtschaft sowie in der industrialisierten Imkerei selbst ein weiterer Stressfaktor für die Tiere, der sie letztlich auch anfällig für neue Parasiten machen.

Riesige Monokulturen[*]

· Anbaufläche von Mandeln in Kalifornien, 2016
· zum Vergleich Grundfläche Saarland

501.810 ha

257.100 ha

Langer Transportweg[**]

Von San Francisco, USA, per Frachtschiff
nach Hamburg, Deutschland

15.529 km

Hoher Wasserverbrauch
in trockenen Regionen[***]

für eine Mandel

bis zu 15 Liter

Transport von Bienenvölkern
über weite Strecken zur Befruchtung[****]

· Bienenvölker, die zur Befruchtung von
1 ha Mandelplantage benötigt werden   3

· Bienenvölker, die zur Befruchtung
von aller Mandelplantagen in
Kalifornien benötigt werden
(Stand 2016)   1.505.580

[*]   Fitchette, T. (2017): California almonds reach 1.24 million-acre milestone. FarmProgress.
      Statista (2018): Fläche der deutschen Bundesländer (in Quadratkilometern) zum 31. Dezember 2018.
[**] Searoutes: searoutes.com. Abfrage San Francisco – Hamburg. Website.
[***] Fulton, J. / Norton, M. / Shilling, F. (2019): Water-indexed benefits and impacts of California almonds.
      Ecological Indicators 96, S. 711–717.
[****] Bommert, W. / Landzettel, M. (2017): Verbrannte Mandeln. Wie der Klimawandel unsere Teller erreicht. München: dtv.
      Slow Food Deutschland e. V. (2018): Veganer bitte absteigen – das hohe Ross lahmt. Online-Artikel von M. Landzettel.

Was die Lebensmittel vor deiner Haustür können

Super Local Food – viele alte Bekannte

Im vorigen Kapitel haben wir anhand von vier Beispielen gezeigt, welche Auswirkungen der hohe Import der als Superfoods angepriesenen Lebensmittel auf Menschen und Umwelt hat. Doch lass dir davon nicht den Appetit verderben! Denn hier kommen die guten Nachrichten: Wenn du dich gesund, ausgewogen und abwechslungsreich ernähren möchtest, brauchst du gar nicht auf Avocado, Quinoa und Co. zurückzugreifen! Viele Lebensmittel, die bei uns angebaut werden, strotzen nämlich nur so vor gesundheitsförderlichen Inhaltsstoffen. Und auch hier gibt es kulinarisch noch so einiges zu entdecken. Solche heimischen Alternativen stellen wir dir in diesem Kapitel vor.

Auch vor der eigenen Haustür gilt natürlich: Einzeln betrachtet (oder verzehrt), macht keines der vorgestellten Nahrungsmittel eine gesunde Ernährung aus. Stehen sie jedoch regelmäßig und möglichst bunt kombiniert auf deinem Speiseplan, bist du gut versorgt.

 regen die Verdauung an

 stärken die Immunabwehr

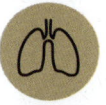 unterstützen die Lunge

 sind Alleskönner

 stärken Herz-Kreislauf

 wirken beruhigend

 sind für den Balkonanbau geeignet

Was sind sekundäre Pflanzenstoffe?

Sekundäre Pflanzenstoffe sind – wie der Name schon sagt – Stoffe, die in Pflanzen vorkommen. Es gibt mehr als 100.000 sekundäre Pflanzenstoffe, die strukturell sehr verschieden sein können. Die Pflanzen bilden diese Verbindungen als Abwehrstoffe gegen Fraßfeinde und Schädlinge oder auch als Lock-, Duft- oder Geschmacksstoffe. Sie schmecken häufig bitter und können in zu großer Menge sogar giftig wirken. In geringer Dosis über Obst und Gemüse eingenommen, sollen diese Bestandteile jedoch extrem gesund sein. Zwar sind Aussagen über die Wirkung beim Menschen mit etwas Vorsicht zu genießen, denn die meisten Daten zur Gesundheitswirkung stammen aus Experimenten unter Laborbedingungen und aus Tierversuchen, wenn auch durch epidemiologische Studien ergänzt. Dennoch legen diese Untersuchungen nahe, dass sekundäre Pflanzenstoffe die Selbstheilungskräfte der Zellen aktivieren, entzündungshemmend, blutdruck- und cholesterinsenkend wirken und mitunter sogar zur Prävention von Krebserkrankungen beitragen können.[64]

Was sind Antioxidantien?

Beim Stoffwechsel können im Körper sogenannte freie Sauerstoffradikale entstehen, die bei langfristiger Einwirkung die Zellen schädigen können. Umwelteinflüsse wie zum Beispiel Pestizide, Autoabgase oder Tabakrauch können dazu führen, dass im Körper vermehrt Radikale gebildet werden. Diese freien Sauerstoffradikale sind nicht per se gefährlich, sondern nur dann, wenn mehr Radikale gebildet werden, als der Körper abbauen kann. An diesem Punkt kommen die Antioxidantien ins Spiel. Antioxidantien machen die freien Radikale im Körper unschädlich, sodass diese keinen negativen Effekt mehr auf die Zellen und die DNA ausüben können.

Was sind Ballaststoffe?

Ballaststoffe gehören zu den Kohlenhydraten, können aber vom Körper nicht verdaut werden und werden darum wieder ausgeschieden. Das klingt im ersten Moment so, als wären sie tatsächlich nur Ballast und für den Körper völlig nutzlos. Allerdings ist genau das Gegenteil der Fall: Ballaststoffe sind wahre Superhelden der Verdauung! Sie sorgen dafür, dass der Blutzuckerspiegel nach einer Mahlzeit langsamer ansteigt, was unter anderem ein länger anhaltendes Sättigungsgefühl erzeugt. Sie binden körperfremde Stoffe im Stuhl und tragen so dazu bei, dass diese ausgeschieden werden. Außerdem unterstützen sie die Bildung verdauungsfördernder Bakterien im Darm und sorgen durch ihre Fähigkeit, Wasser zu binden, dafür, dass der Stuhl geschmeidig bleibt und keine Verstopfung entsteht. Klingt alles ganz wunderbar? Ist es auch! Also ran an die Vollkornpasta und das Vollkornbrot – die enthalten nämlich jede Menge davon.

GEMÜSE

Gemüse bildet die Grundlage für eine vollwertige und ausgewogene Ernährung. Die Gemüsesorten, die in Deutschland angebaut werden, sind extrem vielfältig und in der Küche vielseitig einsetzbar. So ist geschmackliche Abwechslung garantiert. Das Beste daran ist, dass wir beim Gemüseverzehr anders als bei einigen anderen Lebensmitteln nach Herzenslust schlemmen können: Zu viel geht nicht!

ARTISCHOCKEN

Artischocken werden häufig als aus südlichen Gefilden importiertes Gemüse angeboten, können aber auch in Deutschland angebaut werden. Vielen ist die Vorbereitung der Distelblüten zu arbeitsintensiv, dabei ist eine im Ganzen gegarte Artischocke ziemlich schnell zubereitet und mit einem passenden Dip auch ein wunderbar leichtes sommerliches Abendessen (siehe Rezept auf Seite 100), noch dazu stecken Artischocken voller gesunder Bitterstoffe. Diese können nicht nur den Blutzuckerspiegel senken, sondern wirken sich auch positiv auf die Funktion von Galle und Leber aus, verbessern also unter anderem die Verdaulichkeit fettiger Speisen.[65]

 **verbessern die Verdauung**

CHICORÉE

Der im Winter wachsende Chicorée ist ein toller Vitaminlieferant, der sich in der Küche vielseitig einsetzen lässt. Er enthält vor allem große Mengen an Carotinoiden, die zu den Vitaminen zählen, und ist damit ein echter Immunbooster.[66]

Denn die Carotinoide aktivieren die natürlichen Killerzellen im Körper, was gerade im Winter zur Prävention von Erkältungskrankheiten von Vorteil ist. Studienergebnisse legen die Vermutung nahe, dass das Risiko von Herz-Kreislauf-Erkrankungen und Tumorerkrankungen durch eine hohe Carotinoidaufnahme gesenkt werden kann. Da Carotinoide wirkungsvolle Radikalfänger sind, können sie außerdem vor DNA-Schäden schützen.[67] Der bittere Geschmack des Chicorées kommt unter anderem durch das enthaltene Intybin zustande und harmoniert in der Küche sehr gut mit süßen und salzigen Komponenten.[66]

 **hilft bei der Prävention von Erkältungskrankheiten**

FELDSALAT

Der robuste Feldsalat ist während der dunklen Wintermonate ein wichtiger lokaler Vitamin-C-Lieferant. Neben diesem enthält er auch Beta-Carotine.[66] Beide gemeinsam wirken als antioxidatives Powerduo und regen das Immunsystem an. Vermutlich können sie auch zur Prävention von Tumor- und Herz-Kreislauf-Erkrankungen beitragen. Dazu enthält Feldsalat viel Kalium und Folat (die natürliche Form der synthetisch hergestellten Folsäure). Kalium ist ein wichtiger Botenstoff im Körper, der für die Reizweiterleitung zwischen den Zellen und eine gesunde Muskelfunktion verantwortlich ist. Der regelmäßige Verzehr von Folat ist vor allem während der Schwangerschaft wichtig, um eine gute Entwicklung des Babys zu unterstützen.[67]

  **gut für die Immunabwehr und zum Balkonanbau geeignet**

Auch andere grüne Blattsalate stecken voller gesunder Inhaltsstoffe. Die beiden Sorten, die wir in unseren Rezepten verwenden, Rucola und Portulak, enthalten Calcium, Kalium, Magnesium und Vitamine, sodass sie zu einer ausgewogenen Ernährung beitragen können.

FENCHEL

Vom Fenchel kann nicht nur die Knolle verzehrt werden, auch Kraut, Stängel und Früchte können in der Küche vielseitig eingesetzt werden. Fenchel enthält neben seinem hohen Vitamin-C-Anteil auch viel Beta-Carotin, Kalium, Natrium sowie ätherisches Anisöl.[67] Vor allem in den Fenchelfrüchten stecken große Mengen des medizinisch wirksamen ätherischen Öls. Es fördert die Darmbeweglichkeit und wirkt krampflösend auf die Darmmuskulatur. Das Öl hat außerdem antibakterielle Eigenschaften, wird bei der Behandlung von Atemwegserkrankungen empfohlen, regt die Milchbildung bei stillenden Frauen an und hilft Säuglingen in Form von Zäpfchen oder Tee bei Blähungen.[65]

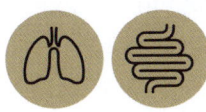 hilft bei Atemwegserkrankungen und fördert die Darmbeweglichkeit

KNOBLAUCH

Knoblauch wird seit Jahrhunderten als Allheilmittel in der Naturheilkunde eingesetzt: zum Schutz vor Sumpffieber im alten Ägypten, als Arznei gegen Schlangengift im Mittelalter und sogar zur Abwehr von Vampiren. Auch wenn uns heute die Angst vor Vampiren eher selten umtreibt, hat der Knoblauch tatsächlich einige positive Wirkungen auf den Körper. Die Hauptwirkstoffe sind Schwefelverbindungen, welche auch für den charakteristischen Geruch verantwortlich sind. Knoblauch verringert die Cholesterinaufnahme, verbessert die Durchblutung und wirkt als natürliches Antibiotikum gegen schädliche Darmbakterien.[65] Endlich ein Argument für besonders viel Knoblauch im Essen! Chlorophyllhaltige Lebensmittel, wie zum Beispiel Petersilie und Rucola, beschleunigen übrigens den Abbau der Schwefelverbindungen im Körper und schaffen so schnelle Abhilfe gegen den allseits gefürchteten Mundgeruch. Aber Achtung: Auch wenn Knoblauch durchaus bei uns wächst, wird er häufig importiert. Beim Einkauf also besser zweimal hinschauen, woher die Knollen stammen.

 wirkt vielseitig, verbessert die Durchblutung und verringert schädliche Darmbakterien

KOHL

Kohl wurde bereits in der Antike nicht nur als Gemüse, sondern auch wegen seiner Heilwirkung geschätzt. Mit etwa 3.500 existierenden Kultursorten zählt er zu den am meisten verzehrten Gemüsesorten weltweit.[68] Alle Mitglieder der Familie der Kreuzblütler, zu der übrigens auch weniger bekannte Gemüsesorten wie Palmkohl, Schwarzkohl, Federkohl und Stielmus/Rübstiel, aber auch Romanesco, Senf, Raps, Rüben, Meerrettich, Radieschen und Kresse zählen, enthalten sogenannte Senfölglykoside. Diese bestehen unter anderem aus Schwefelverbindungen, die den typischen Geruch und

Geschmack verschiedener Kohlarten ausmachen. In der Pflanze wirken die Senfölglykoside als Abwehrmechanismus vor Fraßschädlingen, beim Menschen hingegen zeigen sie eine antimikrobielle Wirkung. Sie hemmen das Wachstum einiger schädlicher Keime und vermutlich auch das verschiedener Krebsarten.[69] Diese positiven Wirkungen können wir uns zunutze machen, indem wir Kohl und seine Verwandten möglichst häufig in unsere Ernährung einbauen. In zwei unserer Rezepte verwenden wir Kohl nicht in seiner Reinform, sondern milchsauervergoren als Sauerkraut. Durch die Gärung entstehen Milchsäurebakterien, welche einen wichtigen Beitrag zur Aufrechterhaltung einer gesunden Darmflora leisten. Vergorene Lebensmittel sollten daher ebenfalls regelmäßig auf dem Speiseplan stehen (siehe dafür auch den Exkurs zur Fermentation auf Seite 114). Der Vitamin-C-Gehalt ist übrigens bei allen Kohlsorten relativ hoch. Spitzenreiter sind Grünkohl und Brokkoli mit 105 mg beziehungsweise 115 mg Vitamin C pro 100 g.[66] Der Tagesbedarf an Vitamin C für Erwachsene liegt bei 100 mg pro Tag.[70]

Obwohl die Deutschen gerne als »Krauts« bezeichnet werden, ist Kohl nicht allein ein typisch deutsches Lebensmittel. Amerikanischer Coleslaw, polnischer Bigos, norwegisches Fårikål, russische Borschtsch, portugiesische Caldo Verde, koreanischer Kimchi und das deutsche Sauerkraut sind nur einige Beispiele für die weite Verbreitung traditioneller Kohlverarbeitung.

 sorgt für eine gute Darmflora und hemmt das Wachstum schädlicher Keime

MANGOLD

Überlieferungen zufolge wurde Mangold bereits 2.000 vor Christus im mediterranen Raum als Gemüsepflanze angebaut. Nur dauerte es noch bis zum Mittelalter, ehe er auch in Mitteleuropa genutzt wurde. Inzwischen findet man Mangold nicht nur auf regionalen Wochenmärkten, sondern auch im Supermarkt. Besonders hübsch anzusehen ist der bunte Mangold, der mit farbenfrohen Stielen, die pink, gelb, orange oder auch rot leuchten, jedes Gericht optisch bereichert. Die Inhaltsstoffe des Mangolds ähneln denen des Spinats, wobei der Ballaststoff- sowie der Vitamingehalt etwas geringer ausfallen. Daneben enthält Mangold ebenso Magnesium, Natrium, Kalium und Carotinoide und sorgt im Rahmen einer ausgewogenen Ernährung für einen bunten Mineralstoffmix auf unseren Tellern.

 positive Wirkung auf das Immunsystem

MEERRETTICH

Meerrettich stammt ursprünglich aus Süd- und Osteuropa und ist eine der vielen Wunderwaffen der Natur gegen diverse Keime und Pilze. Die im Meerrettich enthaltenen Senfölglykoside sorgen nicht nur für einen scharfen Geruch und Geschmack der frisch geriebenen Wurzel, sondern haben nachgewiesenermaßen einen positiven Einfluss bei der Prävention von Krebserkrankungen, wirken antimikrobiell und durchblutungsfördernd.[65] Und als wäre das nicht genug, enthält Meerrettich große Mengen an Vitamin C und Kalium, weshalb man davon ausgeht, dass er früher bei Seereisen als Vitamin-C-Lieferant häufig mit an Bord war.[71] Meerrettich eignet sich auch sehr gut zur Behandlung von Harnwegsinfekten, da die in der Wurzel enthaltenen Öle das Wachstum von Keimen hemmen und dabei auch in der Blase wirken. Meist wird er als Kombipräparat zusammen mit Kapuzinerkresse angeboten, da diese Wirkstoffkombination besonders effektiv ist.

Ein bewährtes Hausmittel bei Atemwegsinfektionen ist Meerrettichsirup. Dazu 50 g frischen Meerrettich fein reiben, mit 100 g Honig in ein Glas geben, am nächsten Tag durch ein Sieb pressen und den gewonnenen Sirup im Kühlschrank aufbewahren. Bei Beschwerden wird empfohlen, mehrmals am Tag einen kleinen Löffel des Sirups einzunehmen.[65] In Form von Breiumschlägen wird Meerrettich außerdem zur Behandlung von Kopfschmerzen eingesetzt.

Frisch geriebene Meerrettichwurzel ist der verarbeiteten aus dem Glas sowohl vom Geschmack als auch von der Wirksamkeit her überlegen. Sollte es mal keinen frischen Meerrettich geben, tut es der aus dem Glas aber auch.

  **wirkt antimikrobiell und durchblutungsfördernd, starker Vitamin-C-Lieferant**

RADICCHIO

Radicchio gehört zu den Zichorien und ist eng verwandt mit dem Chicorée. Ursprünglich vor allem in Italien angebaut, findet man ihn inzwischen auch hier in den verschiedensten Formen und Farben auf den Märkten. Der in Radicchio enthaltene Bitterstoff Intybin sorgt neben dem Geschmack auch für einige positive Effekte auf den Körper: Er regt das gesamte Verdauungssystem an und trägt dadurch und durch seine appetitfördernde Wirkung zu einem gesunden Stoffwechsel bei.[66] Auch wenn wir uns erst wieder an den bitteren Geschmack gewöhnen müssen, der viele Jahrhunderte lang in alten Gemüsesorten normal war und heute häufig weggezüchtet wird, solltest du ruhig öfter einmal Radicchio essen. Nicht nur geschmacklich und nährstofftechnisch, auch optisch macht er mit seinen schönen dunkelrot-violetten Blättern eine gute Figur in gemischten Salaten oder als Zutat in Quiche oder Risotto. Lass dich von unseren Rezeptideen inspirieren, und probiere Radicchio nicht nur roh, sondern auch gegart, gebacken, gebraten oder vielleicht sogar frittiert.

 **regt das Verdauungssystem an**

RADIESCHEN

Radieschen sind eine kleine Zuchtform des Rettichs. Sie enthalten wie alle Verwandten der Kohlgewächse Senfölglykoside. Diese Stoffe, die bei den Pflanzen das Abfressen durch Schädlinge verhindern, sorgen in unserem Darm dafür, dass sich schädliche Keime nicht ansiedeln können. Außerdem wird ihnen eine Rolle bei der Prävention von Krebserkrankungen zugesprochen.[69] Wusstest du, dass man vom Radieschen auch die jungen Blätter verwenden kann? Durch ihre leichte Schärfe eignen sie sich sehr gut für grüne Suppen, als Beigabe im Salat oder als Topping für herzhafte Gerichte und können auch in grünen Smoothies mitverarbeitet werden.

  **verhindert die Ansiedlung von schädlichen Keimen im Darm**

RHABARBER

Rhabarber wurde in China schon vor 4.000 Jahren medizinisch genutzt. In Europa kam die Verwendung erst um 1.750 auf.[72] Vom Rhabarber wird kulinarisch hauptsächlich der Stängel verwendet, aber auch die Blüten und die Wurzeln sind essbar. Nur die Blätter sind hochgiftig![73]

Rhabarberwurzel enthält ein komplexes Gemisch an Gerbstoffen, welche appetitanregend und verdauungsfördernd wirken. In geringen Dosen eignet sie sich also ausgezeichnet als Aperitivum.[65] Darüber hinaus ist Rhabarber sehr ballaststoffreich und enthält viel Vitamin C.[66] Da er ziemlich sauer ist, werden beim Einkochen häufig große Mengen an Zucker verwendet. Für eine zuckerarme Variante kannst du den Rhabarber aber auch direkt mit süßen Früchten wie Äpfeln oder Erdbeeren einkochen. So sparst du nicht nur unnötige Kalorien, sondern kannst auch geschmacklich noch besser variieren. Eingekochter Rhabarber ist vor allem im Winter eine tolle Beigabe zu Joghurt, um dir ein bisschen Sonne ins Haus und auf den Teller zu zaubern.

appetitanregend, verdauungsfördernd und ballaststoffreich

ROTE BETE

Die Rote Bete ist eigentlich eine zweijährige Pflanze, die die Energie im ersten Jahr in der Knolle speichert, um im nächsten Jahr daraus Kraft für die Blütezeit zu ziehen. Dies machen wir uns zunutze, indem wir die Knollen nach dem ersten Jahr ernten und genießen. Rote Bete bereichert Gerichte allein schon durch ihre Farbe und ihren erdigen Geschmack. Dass wir uns und unserem Körper damit auch noch etwas Gutes tun, ist natürlich umso erfreulicher. In der Naturheilkunde wird Rote Bete erfolgreich in der ergänzenden Bluthochdrucktherapie eingesetzt. Studien zeigen, dass der tägliche Verzehr eines großen Glases Rote-Bete-Saft die Wirkung blutdrucksenkender Medikamente positiv unterstützen kann. Die rote Knolle wirkt zudem gefäßerweiternd und wird darum auch bei Herzinsuffizienz zur Unterstützung empfohlen. Rote Bete enthält große Mengen an Ballaststoffen, Folat (die natürliche Form der synthetisch hergestellten Folsäure), Kalium und Eisen und ist damit das perfekte Gemüse für Schwangere. Folat ist während der Schwangerschaft wichtig, um Missbildungen des Embryos zu verhindern, und Eisenmangel ist während der Schwangerschaft ein häufiger Begleiter, der durch eine entsprechend angepasste Ernährung leicht behoben werden kann. Aber auch wer nicht schwanger ist, profitiert natürlich von den guten Inhaltsstoffen der Knollen.[64]

Übrigens lassen sich aus den jungen Blättern der Roten Bete leckere Salate zaubern. Die Blätter sind sogar noch mineral- und vitaminhaltiger als die Wurzeln, enthalten aber auch Oxalsäure, die in zu großen Mengen ungesund ist.[64] Die Blätter also bitte nur in Maßen verzehren. Dennoch – wenn du demnächst auf dem Markt ein paar schöne Exemplare Rote Bete mit Blättern bekommst: einpacken und komplett verwenden.

wirkt gefäßerweiternd, erfolgreich als Ergänzung in der Bluthochdrucktherapie

SELLERIE

Sellerie wurde schon im alten Rom kultiviert und wegen des hohen Gehalts ätherischer Öle vor allem medizinisch genutzt. Diese wirken entzündungshemmend und sollen außerdem eine beruhigende und schmerzlindernde Wirkung haben. Sellerie enthält daneben auch besonders hohe Mengen an Kalium und geringe Mengen an Vitamin C und Folat. In der Naturheilkunde wird er bei Harnleiden und nervöser Unruhe verwendet. Frischer Sellerie wird außerdem zur Behandlung entzündlicher Erkrankungen, wie zum Beispiel Gicht oder Rheuma, eingesetzt. Auch bei hohem Blutdruck und Ödemen wirkt er unterstützend.[64] Sellerie wurde eine Zeit lang nachgesagt, er verbrauche mehr Kalorien für die Verdauung, als er liefere.[74] Das stimmt zwar nicht, kalorienarm ist Sellerie aber trotzdem. Zwei Stangen liefern ungefähr 10 kcal und sind dabei aufgrund des hohen Ballaststoffgehalts sehr sättigend.[12] Sellerie schmeckt sowohl roh als Salat oder Rohkost als auch gegart sehr aromatisch.

  wirkt u.a. entzündungshemmend, schmerzlindernd und beruhigend

SPARGEL

Wie Sellerie war auch Spargel schon im alten Rom eine sehr beliebte Heilpflanze, wobei die Römer dem Spargel gegen fast jedes erdenkliche Leiden, von Rheuma bis Zahnschmerzen, Heilwirkungen zugesprochen haben. Zwar wurden nur wenige der Heilwirkungen tatsächlich bestätigt, trotzdem hat Spargel sich als sehr beliebte Gemüsepflanze gehalten. Er enthält Saponine, Inulin (nicht Insulin)[65] und relativ viel Kalium, wo-

durch die harntreibende Wirkung hervorgerufen wird. Aufgrund des entwässernden Effektes wird Spargel insbesondere bei Harnwegserkrankungen eingesetzt, hilft aber auch, den Blutdruck zu senken.[66] Sei es als Salat, als Quiche, gedünstet mit zerlassener Butter, Schinken und Ei oder in der veganen Variante mit Zitrone und dünnen Scheiben Räuchertofu, als grüner Spargel in der Pfanne gebraten und mit Parmesan überstreut oder klein gehackt über frische junge Kartoffeln gestreut – Spargel ist extrem vielseitig.

 hilft, den Blutdruck zu senken

SPINAT

Schon Popeye wusste, dass Spinat ein tolles Gemüse ist! Nicht so sehr, wie früher irrtümlicherweise angenommen, wegen seines Eisengehaltes, sondern aufgrund der enthaltenen Mengen an Eiweiß, Vitamin C, Beta-Carotin und Vitamin K ist Spinat aus ernährungsphysiologischer Sicht sehr interessant. Er enthält zwar auch Eisen, das kann aber in der vorliegenden Form und in gleichzeitiger Gegenwart von Oxalsäure leider kaum vom Körper aufgenommen werden. Spinat weist außerdem sehr große Mengen Carotinoide auf.[66] Diese können möglicherweise dazu beitragen, das Risiko von Herz-Kreislauf-Erkrankungen sowie einiger Krebserkrankungen zu senken. Außerdem wirken sie sich positiv auf das Immunsystem aus, da sie im Körper natürliche Killerzellen aktivieren und andere Schutzmechanismen stimulieren.[67] Junger Spinat schmeckt roh sehr gut als Salat, wodurch alle hitzeempfindlichen Vitamine erhalten bleiben. Ältere Spinatblätter enthalten größere Mengen an Oxalsäure und sollten daher immer kurz erhitzt werden, um diese größtenteils zu inaktivieren.

   **positive Wirkung auf Immunsystem und zum Balkonanbau geeignet**

TOMATEN

Die Tomate stammt ursprünglich aus Peru und Ecuador, wo sie aber zunächst nicht kultiviert wurde, sondern sich als »Unkraut« verbreitete. Nach Europa gelangte sie bald nach der Entdeckung Amerikas, galt aber außer in Italien, wo man sie als Nahrungsmittel schätzte, noch bis ins 19. Jahrhundert hinein als giftig. Dabei sind Tomaten nicht nur das perfekte Sommeressen, nein, sie enthalten auch große Mengen Lycopin.[65] Diese antioxidativ wirksame Substanz kann einzelnen Studien zufolge präventiv gegen mehrere Leiden wie Krebs, Herz-Kreislauf-Erkrankungen, Osteoporose und Diabetes wirken. In Versuchen, in denen nur Lycopin allein verabreicht wurde, konnte allerdings kein Schutz vor DNA-Schädigungen festgestellt werden.[75] Dies deutet darauf hin, dass die schützende Wirkung auf dem Zusammenspiel mehrerer Inhaltsstoffe beruht. Im Übrigen wird die Menge an Lycopin durch Erhitzen leicht erhöht, Tomatensuppe und -sauce sind also ebenfalls sehr gesund.[64] Aber aufgepasst: Tomaten werden bei uns außerhalb der Saison in beheizten Gewächshäusern angebaut, was nicht sonderlich nachhaltig ist.

   **kann präventiv gegen Herz-Kreislauf-Erkrankungen wirken und ist zum Balkonanbau geeignet**

ZWIEBELN

Zwiebeln enthalten ähnlich wie Knoblauch schwefelhaltige Aminosäuren und außerdem große Mengen an Flavonoiden in den äußeren Schichten. Die schwefelhaltigen Aminosäuren und Lauchöle der Zwiebel sind bekannt für ihre durchblutungsfördernden Eigenschaften. Sie können das Risiko der Bildung von Blutgerinnseln reduzieren, indem sie den Blutfettgehalt senken. Unter anderem aufgrund dieser Eigenschaft sind Zwiebeln hervorragend zur Prophylaxe von Gefäßerkrankungen geeignet. Im Vergleich zum Knoblauch ist die Wirkung zwar geringer, aber da die Geruchsprobleme, die vom Knoblauch bekannt sind, bei der Zwiebel nicht auftreten, wird diese als Alternative zur Vorbeugung altersbedingter Gefäßveränderungen sehr geschätzt.[65] Frischer Zwiebelsaft wird in der Naturheilkunde und als Hausmittel nicht nur bei Ohrenschmerzen, sondern auch bei bronchialen Beschwerden erfolgreich eingesetzt. Im Altertum galten Zwiebeln als Aphrodisiakum, in Asien werden sie noch heute als Stimmungsmacher verwendet.

Interessanterweise enthält Porree, ein Verwandter aus der Familie der Zwiebelgewächse, mehr als doppelt so viel Vitamin C (26 mg/100 g) wie Rhabarber (10 mg/100 g).

   **zur Prophylaxe von Gefäßerkrankungen, hilft gegen bronchiale Beschwerden**

Früchte

Reife Früchte sind kleine Kraftpakete: saftig, süß und dazu noch vitaminreich. Sie sind ein idealer Snack für zwischendurch. Hier möchten wir dir einige heimische Früchte vorstellen, die zu Recht über Jahrhunderte hinweg einen festen Platz in der Küche eingenommen haben, heute aber etwas in Vergessenheit geraten sind. Zugegeben, Hagebutte, Holunder und Sanddorn müssen verarbeitet werden und können es daher mit der Praktikabilität einer Banane kaum aufnehmen – mit ihren Inhaltsstoffen aber allemal.

HAGEBUTTEN

Hagebutten sind die Früchte der sogenannten Hundsrosen. Sie enthalten viel Vitamin C und können beispielsweise zu süßem, vitaminreichem Sirup eingekocht werden, der gut schmeckt und die Abwehrkräfte stärkt. Die rote Farbe der Hagebutten stammt wie auch bei den Tomaten aus dem Carotinoid Lycopin. Wegen ihres Gerbstoffgehalts sind Hagebutten ein mildes Durchfallmittel, sie wirken schwach harntreibend und können zudem helfen, Magenentzündungen zu lindern. Besonders in Früchtetees werden Hagebuttenschalen häufig verwendet. Willst du frische Früchte verarbeiten, kannst du sie im Herbst vielerorts wild sammeln gehen.

 **stärken die Abwehrkräfte und wirken als mildes Durchfallmittel**

HEIDELBEEREN

Heidelbeeren enthalten neben Gerbstoffen große Mengen an Anthocyanen (Pflanzenfarbstoffe), Flavonoiden, Mineralstoffen und Vitaminen. Den Früchten konnte außerdem ein cholesterinsenkender Effekt nachgewiesen werden. Sie sind darüber hinaus gut zur Behandlung von Durchfällen geeignet.[65] Hierbei bieten sich insbesondere getrocknete Heidelbeeren an, da diese einen insgesamt höheren Wirkstoffgehalt besitzen als die frischen Früchte. Der regelmäßige Verzehr von Heidelbeeren kann im Übrigen dazu beitragen, die Beweglichkeit und die kognitiven Fähigkeiten älterer Menschen zu erhalten.[64]

 **wirken cholesterinsenkend und gegen Durchfall**

HOLUNDER

Holunderbeeren enthalten Flavonoide, Anthocyane, Bitterstoffe und Vitamine. Insbesondere der Gehalt an Vitamin B2 ist mit 65 mg pro 100 g erwähnenswert. Außerdem enthalten die Beeren knapp 17 mg Folat (die natürliche Form der synthetisch hergestellten Folsäure) pro 100 g. Als Saft oder Mus wird Holunder bei Husten oder Erkältungskrankheiten eingesetzt, aber auch in der Küche findet der Saft in Suppen, Saucen, Fruchtwein oder Likör Verwendung.[65] In rohem Zustand sollten Holunderbeeren nicht verzehrt werden, da sie einen Stoff enthalten, der zu Übelkeit führen kann. Dieser wird jedoch beim Kochen zersetzt.[66] Auch die Blüten des Holunders werden in vielen Rezepten verarbeitet: Zu Hollerküchlein in Teig ausgebacken, als Saft aufgesetzt oder zu Holunderwein vergoren, schmecken sie fruchtig frisch und erinnern uns an kalten Tagen an den Sommer. Medizinisch eingesetzt, mobilisieren Holunderblüten die Körperabwehr, was man sich bei fieberhaften Erkältungskrankheiten und grippalen Infekten zunutze macht.[65]

 hilft bei Husten und Erkältungen

ROTE BEEREN

Ebenso wie die Heidelbeere enthalten nahezu alle roten Beeren (Aroniabeeren, schwarze Johannisbeeren, Brombeeren, Himbeeren und so weiter) ein komplexes Gemisch gesundheitsförderlicher Inhaltsstoffe. Eine ganz besondere Bedeutung kommt hierbei den Anthocyanen zu. Diese sind nicht nur für den schönen rotvioletten Farbton verantwortlich, sondern sollen sogar dabei helfen, Krebszellen in ihrem Wachstum zu hemmen. Auf die Anthocyane sind auch die antibakteriellen und entzündungshemmenden Eigenschaften von roten Beeren zurückzuführen. Darüber hinaus enthalten die aromatischen Früchte auch noch große Mengen an Vitamin C, welches mit seiner antioxidativen Wirkung die Zellen vor Schädigungen durch freie Radikale schützt und die Immunabwehr stärkt.[67] Zusätzlich kann der regelmäßige Verzehr von Beeren dazu beitragen, die Sehkraft zu erhalten – ein idealer Snack also für alle Bürostuhlakrobat*innen.[64]

Besonders schwarze Johannisbeeren sind reich an Vitamin C (200 mg auf 100 g) und enthalten B-Vitamine, Gerbstoffe, Kalium und Anthocyane in relativ großen Mengen. Zur Unterstützung

der Genesung bei beginnender Grippe eignet sich der Saft daher prima als Heißgetränk. Dabei sollte darauf geachtet werden, ihn zur Schonung der Vitamine nicht zu stark zu erhitzen, sondern die Früchte nur mit heißem Wasser zu überbrühen.[65]

  reich an Vitamin C, wirken antibakteriell und entzündungshemmend, stärken die Immunabwehr

SANDDORN

Der Vitamin-C-Gehalt des Sanddorns ist, verglichen mit anderen essbaren Wildfrüchten, sehr hoch. Darüber hinaus enthält Sanddorn hohe Anteile an Magnesium und Calcium, außerdem Vitamin E, Carotinoide, ungesättigte Fettsäuren, Flavonoide und Anthocyane.[64,65] Sanddornbeeren zu ernten ist aufgrund der langen, spitzen Stacheln und der relativ weichen Früchte gar nicht so leicht. Am einfachsten ist es, die Beeren büschelweise aus dem Baum herauszuschneiden und anschließend ins Gefrierfach zu legen. Keine Sorge, den Inhaltsstoffen macht das Einfrieren nichts aus, und auch die Beeren sind danach noch genauso lecker wie vorher. Im eingefrorenen Zustand kannst du die Früchte ganz leicht von den Zweigen abstreifen und anschließend wieder einfrieren oder direkt zu köstlichen Marmeladen, Sirups, Chutneys oder Ähnlichem weiterverarbeiten. Vor allem zur Vorbeugung von Infekten hat sich der Einsatz von Sanddorn medizinisch bewährt.[65]

 zur Vorbeugung von Infekten

Getreide und Körner

Einfach gekocht, zu Brot verbacken, zu Pasta verarbeitet oder zu Bier vergoren – Getreide bildet seit Jahrtausenden unsere Nahrungsgrundlage. Was jedoch in jüngster Zeit abhandengekommen ist, ist die Vielfalt auf dem Teller. Der Konsum von Weizen hat zumindest in Europa alle bisherigen Rekorde gesprengt, sind die neuesten Züchtungen doch robust, resistent, ertragreich und relativ anspruchslos. Wir sollten jedoch auch alten sowie Pseudogetreidesorten mehr Raum auf unserem Speiseplan geben. Unser Verdauungssystem kann davon nur profitieren.

Ernährungsphysiologisch besonders wertvoll sind Vollkornprodukte, denn darin bleiben alle wertvollen Nährstoffe enthalten. Vor allem die viel gepriesenen Ballaststoffe erleichtern die Arbeit von Magen und Darm – auch wenn die Umstellung auf Vollkorn etwas Gewöhnungszeit erfordern kann. Zeit ist übrigens die wichtigste Zutat bei Getreideprodukten. Wer nicht an einer nachgewiesenen Glutenunverträglichkeit oder Weizenallergie leidet und dennoch Backwaren regelmäßig schwer im Magen mit sich herumschleppt, tut gut daran, eine handwerklich arbeitende Bäckerei zu finden. Denn mit viel Zeit für die Teigruhe und ohne die Zugabe unnötiger Zusatzstoffe gebackenes Brot entlastet unseren Verdauungstrakt nachweislich bei der Arbeit.[64]

BUCHWEIZEN

Buchweizen galt früher als typisches »Arme-Leute-Essen«,[76] wird aber aktuell immer beliebter. Obwohl der Name es nahelegt, ist Buchweizen keine Getreidesorte, sondern ein Pseudogetreide – ein essbares Korn ohne Stärkeanteil.[68] Als Knöterichgewächs ist er mit Sauerampfer und Rhabarber verwandt.[65,66,68] Buchweizen enthält neben Eiweiß auch Vitamin B, Eisen und große Mengen an Flavonoiden, welche antioxidativ wirken. Außerdem wird Buchweizen ein positiver Effekt auf die Blutgerinnung nachgesagt, weshalb sein Verzehr als Unterstützung zur Therapie von Venenbeschwerden empfohlen wird.[64] Da Buchweizen glutenfrei ist, wird er vor allem bei Glutenintoleranz oder Weizenunverträglichkeit gern als Mehlersatz eingesetzt. Er schmeckt leicht nussig und verleiht den Speisen so ein ganz besonderes Aroma. Wenn du Buchweizen als Mehlersatz nutzt, solltest du allerdings bedenken, dass er andere Backeigenschaften als zum Beispiel Weizenmehl hat und letzteres darum in manchen Rezepten nicht einfach eins zu eins ersetzen kann.

 **glutenfrei, wirkt antioxidativ, möglicherweise positiver Effekt auf Blutgerinnung**

HAFER

Im mittelalterlichen Europa war Hafer Teil der dreijährigen Fruchtfolge und wurde im Wechsel mit Weizen und Gerste angebaut. Wird Hafer von älteren Generationen häufig mit geschmacklosem Haferschleim in Verbindung gebracht, ist er durch den Porridgetrend der letzten Jahre wieder wortwörtlich wieder in aller Munde. Nach Weizen, Reis, Mais und Gerste steht er heute an fünfter Stelle der weltweiten Getreideproduktion.[68]

Hafer hat einen hohen Ballaststoffanteil, er regt also auf sanfte Weise die Verdauung an. Reine Haferkleie senkt sogar nachweislich den Cholesterinspiegel.[66,77] Außerdem enthält Hafer viel Folat, B-Vitamine und Vitamin E. Er wird äußerlich zur Behandlung von Entzündungen eingesetzt und bei Nervenschwäche und Erschöpfung verwendet. Er gehört außerdem zu den Pflanzen, die nach einer langen Krankheit dem Körper auf schonende Weise wieder Kraft geben.[77]

 **hoher Ballaststoffanteil, kann den Cholesterinspiegel senken**

HIRSE

Hirse wurde bereits in den berühmten hängenden Gärten von Babylon angebaut.[7] Ihre kurze Vegetationsperiode von 45 Tagen ab der Aussaat machte sie besonders für unsere wandernden Vorfahren interessant.[68] Sie war jahrhundertelang fester Ernährungsbestandteil in Europa. Ist in alten Märchen vom »süßen Brei« die Rede, ist meistens Hirsebrei gemeint. Hirse ist eine genügsame Pflanze, die auch lange Trockenperioden übersteht. Sie ist daher eine nachhaltige Alternative zu Reis, für dessen Anbau viel Wasser benötigt wird.[78]

Hirse enthält außerdem hochwertige Proteine, komplexe Kohlenhydrate, Vitamin A und C sowie B-Vitamine, Calcium, Magnesium, Eisen und Silizium. Die Nährstoffe sind im ganzen Korn enthalten und beschränken sich nicht wie bei anderen Getreiden auf die äußere Schicht. Hirse ist zudem glutenfrei. Sie kann wie Reis gekocht, zu Brei gerührt oder zu Fladenbrot verbacken werden.[67]

NÜSSE UND SAMEN

Dass wir Menschen einst Jäger*innen und Sammler*innen waren, dient häufig als Argument für übermäßigen Fleischkonsum. Dabei lautet die logische Schlussfolgerung daraus vielmehr, wieder mehr Nüsse und Samen in den Speiseplan zu integrieren. Ganz gewiss landete bei unseren Vorfahren nicht dreimal täglich Fleisch auf dem Teller, nicht nur weil Jagderfolge nicht planbar, sondern auch weil die Verarbeitungs- und Konservierungsmethoden noch nicht ausgereift waren. Nüsse hingegen ließen sich leicht ernten, transportieren oder lagern und bieten noch heute je nach Sorte gesunde Fette, Proteine, wertvolle Ballaststoffe oder Kohlenhydrate.[68] Auch wenn in der Medizin noch vor wenigen Jahren die Überzeugung herrschte, Nüsse seien wegen ihres hohen Fettgehalts ungesund, so ist diese Annahme mittlerweile überholt. Im Gegenteil dazu können ein paar Nüsse ab und zu sogar helfen, eine gesunde Gewichtsabnahme zu unterstützen, denn sie kurbeln den Fettabbau an. Ihr hoher Anteil an gesunden Omega-3-Fettsäuren oder einfach gesättigten Fettsäuren wirkt sich zudem nicht nur positiv auf die Darmflora, sondern auch auf den Cholesterinspiegel aus.[64] Wir sagen: Vergiss den Speck – ran an die Nüsse!

HANFSAMEN

Hanf ist eine sehr alte und vielfältig genutzte Kulturpflanze. Aus den Fasern der Pflanze werden Seile, Bindfäden und Papier hergestellt. Er ist vor allem für seine berauschende Wirkung bekannt, die durch den in Deutschland nur zu medizinischen Zwecken erlaubten Wirkstoff Tetrahydrocannabinol (THC) ausgelöst werden kann. Hanfsamen enthalten zwar kein THC, dafür aber viele essenzielle Aminosäuren, Vitamin B1, B2 und Vitamin E, Calcium, Magnesium, Kalium und Eisen.[79] Auch gesunde Omega-3- und Omega-6-Fettsäuren sowie viele Ballaststoffe sind in den kleinen Nüssen enthalten. Du kannst Hanfsamen ganz einfach über dein Müsli streuen oder zum Backen verwenden, aber auch geröstet und gesalzen sind sie ein gesunder und leckerer Snack. Oder du verwendest kalt gepresstes Hanföl, in dem viele der guten Inhaltsstoffe erhalten bleiben. Nur die Ballaststoffe bleiben beim Ölpressen leider auf der Strecke.

 **positive Wirkung auf das Immunsystem**

HASELNÜSSE

Haselnüsse sind ein wichtiger Vitamin-E-Lieferant und gleichzeitig eine wunderbar aromatische Zutat für Gebäck, Frühstücksbreie, Müslis und herzhafte Gerichte. Da sie genauso viel Vitamin E enthalten wie Mandeln, sind sie eine perfekte lokale Alternative. Vitamin E hat eine antioxidative Wirkung und kann Zellen vor Angriffen durch freie Radikale schützen. Eine erhöhte Vitamin-E-Aufnahme unterstützt bei der Prävention koronarer Herzerkrankungen, da Vitamin E zur Verbesserung der Blutfettwerte beiträgt. Außerdem wird Vitamin E eine positive Wirkung bei rheumatischen Erkrankungen zugeschrieben.[67]

 **können vor freien Radikalen schützen, trägt zur Verbesserung der Blutfettwerte bei**

KÜRBISKERNE

Kürbiskerne und Produkte aus diesen, wie zum Beispiel Extrakte oder Kapseln, werden häufig als Mittel gegen Prostatabeschwerden verwendet. Tatsächlich senken die in den Kernen enthaltenen Phytosterole nicht nur den Cholesterinspiegel, sondern können bei einer Prostatavergrößerung den Testosteronspiegel senken und so langfristig zu einer Normalisierung der Prostatagröße beitragen.[80] Das in den Kernen enthaltene Magnesium ist außerdem am Energiestoffwechsel beteiligt, kann gegen Blutgerinnungsstörung wirken und unterstützt eine normale Funktion der Nerven und Muskeln.[81]

Übrigens schmecken nicht nur die Kerne aus dem Supermarkt gut: Bei der Verarbeitung von Kürbis kannst du einfach die Kerne aus dem Fruchtfleisch herauslösen, waschen und anschließend, mit Gewürzen und etwas Salz gemischt, im Backofen rösten. Je nach Sorte kann die Schale der Kerne etwas hart sein. Dann einfach mit den Zähnen knacken und den weichen Kern essen. Eine nicht nur einfache, sondern auch leckere und ballaststoffreiche Knabberei.

 **können den Cholesterinspiegel und den Testosteronspiegel senken, gut für Nerven- und Muskelfunktionen**

LEINSAMEN

Die wichtigsten Inhaltsstoffe von Leinsamen sind Ballaststoffe (knapp 38,6 mg pro 100 g) und in der Schale enthaltene Schleimstoffe. Um die bestmögliche Wirkung zu gewährleisten, solltest du Leinsamen vor der Verwendung einige Zeit lang in Wasser aufquellen lassen oder zumindest geschrotet mit ausreichend Flüssigkeit zu dir nehmen. In Müsli und Smoothies, aber auch beim Backen merkt man im Anschluss wenig von der etwas gewöhnungsbedürftigen Konsistenz der gequollenen Samen. Die Schleimstoffe wirken wie eine Schutzschicht für die Magen-Darm-Schleimhäute, weshalb sie bei nervösem Magen, Sodbrennen und Darmproblemen eingesetzt werden können. Durch die Anregung der Verdauung wird außerdem die Verweildauer von Schadstoffen im Darm verkürzt. Leinsamen wird eine präventive Wirkung gegen Krebserkrankungen nachgesagt. Diese wird darauf zurückgeführt, dass möglicherweise krebserregende Stoffe an die Ballaststoffe gebunden werden.[65]

 enthalten viele Ballaststoffe, helfen bei nervösem Magen, Sodbrennen und Darmproblemen

SONNENBLUMENKERNE

Sonnenblumenkerne strotzen nur so vor Mineralstoffen und sekundären Pflanzenstoffen, die wir für eine gesunde Körperfunktion benötigen. Neben Phytosterinen (sekundäre Pflanzenstoffe, die den Cholesterinspiegel senken) enthalten Sonnenblumenkerne auch Folat, Magnesium und Phosphor. Magnesium benötigt unser Körper für eine reibungslose Erregungsübertragung der Muskulatur.[67] Muskelkrämpfe sind die wohl bekannteste und am meisten verbreitete Folge eines Magnesiummangels. Magnesium hat auch einen positiven Einfluss auf die Blutgerinnung, welcher dazu beiträgt, dass sich weniger schnell Blutgerinnsel bilden, die zu Herzinfarkten führen können.[81]

Phosphor ist zusammen mit Calcium der Hauptbestandteil des menschlichen Skeletts und beteiligt am Energiestoffwechsel des Körpers.[81]

Sonnenblumenkerne sind aber nicht nur super, um die Muskeln und das Skelett mit wichtigen Mineralstoffen zu versorgen, sie sind auch echte Stimmungsaufheller. Sonnenblumenkerne enthalten nämlich viel Phenylalanin, dem eine Wirkung gegen Depressionen nachgesagt wird.[82] Im Supermarkt findest du häufig Sonnenblumenkerne aus dem Ausland, schau also auch hier besonders genau auf die Herkunft der Produkte.

WALNÜSSE

Walnüsse sehen nicht nur so aus wie ein kleines Gehirn, sie enthalten auch viele gesunde Stoffe, die genau dieses unterstützen. Besonders für ihren hohen Anteil an Omega-3-Fettsäuren sind Walnüsse bekannt. Diese Fettsäuren können – auch wenn es paradox klingt – den Blutfettgehalt senken, indem sie den Fettstoffwechsel ankurbeln. Dadurch reduziert sich das Risiko für diverse Herz-Kreislauf-Erkrankungen. Zusätzlich unterstützt wird diese Wirkung durch einen relativ hohen Vitamin-E-Gehalt. Die in Walnüssen enthaltenen Polyphenole wirken antioxidativ und können so zur Prävention von Tumorerkrankungen beitragen, Serotonin wirkt als Botenstoff im Gehirn.[82] Walnüsse machen sich sehr gut als Snack für zwischendurch oder als aromatische Zugabe in Kuchen. Doch wir möchten dir auch den Einsatz in der herzhaften Küche ans Herz legen: In Südeuropa werden Walnüsse zu würzigen Pasten und Saucen verrieben. In Frankreich kennt man sogar eine Walnusssuppe.[68] Wir bereiten auf Seite 104 Zucchini mit einer herzhaften Walnusssauce zu.

 kurbeln den Fettstoffwechsel an und wirken antioxidativ

Kräuter

Kräuter bringen Vielfalt, Geschmack und Abwechslung auf den Teller. Besonders schmackhaft (und preisgünstig) sind sie selbst angebaut im eigenen Garten, auf dem Balkon oder auf der Fensterbank. Dabei ermöglichen sie uns eine kulinarische Weltreise trotz regionaler Zutaten. Viele Kräuter sind auch im Topf in Bio-Qualität erhältlich und so robust, dass sie sogar unregelmäßiges Gießen verzeihen. Aber auch anspruchsvollere Kräuter, wie zum Beispiel Basilikum, lassen sich gut selbst anbauen.

Wusstest du, dass vieles, was als »Unkraut« abgetan wird, essbar und gesund ist? Mittlerweile gibt es gerade in Städten spannende Wildkräuterführungen durch öffentliche Parks. Du wirst staunen, wie viel die Natur hergibt. Wichtig sind dabei der Abstand zu viel befahrenen und somit feinstaubbelasteten Straßen sowie die Bodenqualität: Gartenanlagen auf ehemaligen Gleisbetten sind beispielsweise auch viele Jahre nach Umgestaltung kontaminiert, von ihnen sollte besser nicht direkt geerntet werden. Im Zweifel gibt das zuständige Grünflächenamt Auskunft über Bodenbeschaffenheit und den Einsatz von Pestiziden.

BÄRLAUCH

Wer im Frühling durch den Wald streift, hat ihn bestimmt schon so manches Mal auf der Wiese entdeckt: Bärlauch. Dieses nach Knoblauch riechende Kraut kannst du zum Beispiel zum Aromatisieren von Kräuterbutter, als Pesto, für Kräutersalz, Suppen und andere Gerichte verwenden. Bärlauch hat hinsichtlich seiner Wirkstoffe eine ähnliche Zusammensetzung wie Knoblauch,

Bienenweide

Kräuter sind lecker – das wissen nicht nur wir, sondern auch zahlreiche Insektenarten. Diese wiederum sind unerlässlich für die Bestäubung und letztlich für die Ernte vieler Obst- und Gemüsesorten. Wusstest du, dass es allein in Deutschland neben der Honigbiene mehr als 580 weitere Wildbienenarten gibt? Leider sind die meisten von ihnen durch monokulturelle Landwirtschaft, fehlende Grünflächen und Blühstreifen sowie den Einsatz von Ackergiften in ihrer Existenz bedroht. Du kannst ihnen auf deinem Balkon oder auf der Fensterbank ein Nektar- und Pollenangebot schaffen, indem du Kräuter wie Minze, Rosmarin oder Salbei nicht komplett erntest, sondern einen Teil zur Blüte kommen lässt.

wobei der Anteil an schwefelhaltigen Verbindungen um circa ein Drittel niedriger ist. Daher muss Bärlauch entsprechend höher dosiert werden, um die gleiche medizinische Wirksamkeit zu entfalten. Die in Bärlauch enthaltenen schwefelhaltigen Verbindungen können blutdrucksenkend wirken und haben im Magen-Darm-Trakt eine antibakterielle Wirkung.[83] Bärlauch wird in der Naturheilkunde daher erfolgreich bei Blähungen und Völlegefühl sowie traditionell zur Reinigung des Blutes eingesetzt.[65] Aber Achtung: Beim Wildsammeln besteht immer Verwechslungsgefahr mit Maiglöckchen, die hochgiftig sind! Daher niemals büschelweise pflücken, sondern das Blatt immer genau ansehen. Bärlauch hat eine matte Unterseite, Maiglöckchen hingegen eine glänzende. Am besten erkennt man Bärlauch aber daran, dass die Blätter immer einzeln aus der Erde herauswachsen. Bei den Maiglöckchen sprießen stets zwei Blätter an einem Stiel aus dem Boden.

  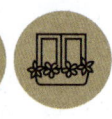 **kann blutdrucksenkend wirken, antibakterielle Wirkung im Magen-Darm-Trakt**

BRENNNESSELN

Brennnesseln sind in Deutschland völlig zu Unrecht von den meisten Tellern verschwunden. Die jungen Triebe lassen sich hervorragend wie Spinat dünsten, und die Samen schmecken angeröstet und als Topping über Salate, Suppen oder Aufläufe gestreut leicht nussig. Und keine Angst – gegart und sogar schon leicht welk brennt die Brennnessel nicht mehr.

Brennnesseln wurden bereits im Altertum vielfach medizinisch genutzt. Sie enthalten große Mengen an Kieselsäure, Flavonoide, Vitamine, Eisen, Chlorophylle und Carotinoide. Mit knapp 300 mg Vitamin C pro 100 g enthält die Brennnessel 6-mal mehr Vitamin C als die gleiche Menge Zitronensaft.[84] Durch die Kieselsäure wirkt sie harntreibend und stoffwechselanregend.[65] Die enthaltenen Flavonoide haben eine antioxidative Wirkung.

Auch Eisen hat die Brennnessel zu bieten. Eisen ist wichtig für die Sauerstoffversorgung der Muskulatur und die Aufrechterhaltung der Immunfunktion. Vor allem Vegetarier*innen und Frauen leiden häufig unter Eisenmangel. Durch einen regelmäßigen Verzehr von eisenhaltigen Nahrungsmitteln kann dem entgegengewirkt werden.

  **wirkt stoffwechselanregend und antioxidativ, enthält viel Vitamin C und Eisen**

BRUNNENKRESSE

Brunnenkresse enthält große Mengen an Senfölglykosiden, die antibiotisch wirken. Daneben steckt sie voller Vitamin C sowie Mineralstoffe und Spurenelemente wie Kalium, Arsen, Jod, Eisen und Vitamin A und D. Sie regt die Gallen- und Lebertätigkeit an und wird in der Heilkunde außerdem zur Therapie von Erkrankungen der oberen Luftwege, bei Verdauungsbeschwerden und Appetitlosigkeit verwendet. Auch eine tumorhemmende Wirkung wird ihr zugeschrieben.[65] Brunnenkresse solltest du möglichst frisch verzehren, da sie sich schlecht lagern lässt und beim Trocknen oder Erhitzen deutlich an Geschmack einbüßt. Da sich Brunnenkresse sogar auf der Fensterbank ganz einfach selbst anbauen lässt, steht dem aber nichts im Wege.

  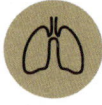 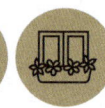 **wirkt antibiotisch, regt die Gallen- und Lebertätigkeit an und hilft u.a. bei der Therapie der oberen Luftwege und bei Verdauungsbeschwerden**

DILL

Dill wird bei Verdauungsbeschwerden, Blähungen und Völlegefühl eingesetzt. Schon im Alten Testament wurde er als Heilmittel bei Leibesschmerzen und Blähungen empfohlen. Seine Wirkung beruht auf den enthaltenen ätherischen Ölen, die entspannend auf die Muskulatur des Magen-Darm-Traktes wirken. Darüber hinaus wirkt Dill beruhigend, schlaffördernd und harntreibend. Besonders bei Säuglingen mit Dreimonatskoliken wird Dill deshalb gern in Kombination mit Fenchel als Tee eingesetzt.[65]

Dill enthält in sämtlichen Pflanzenteilen ätherische Öle. Sowohl die Blätter als auch die Früchte werden zum Würzen verwendet.[66] Dill eignet sich wie so viele Kräuter für den eigenen Anbau. Hat er einmal einen guten Platz im Garten (sonnig, aber nicht zu trocken), wächst er leicht und ist anspruchslos.[85]

   **hilft bei Verdauungsbeschwerden, wirkt beruhigend**

HOPFEN

Die im Hopfen enthaltenen Bitterstoffe wirken beruhigend auf den Magen und können bei Appetitlosigkeit erfolgreich Abhilfe schaffen. Die größte Bedeutung des Hopfens liegt allerdings in seiner schlaffördernden Wirkung. Er wird daher bei Schlafstörungen, nervöser Unruhe, Übererregbarkeit und Angstzuständen als Tee verwendet.[85] Jetzt weißt du auch, warum Bier zuerst den Appetit anregt und danach müde macht. Leider findet man frischen Hopfen nur sehr selten auf dem Markt, getrocknete Dolden tun es aber auch, bzw. ist Hopfen sogar für den Balkonanbau geeignet.

  **wirkt schlaffördernd und magenberuhigend, hilft bei Appetitlosigkeit**

KAPUZINERKRESSE

Die Kapuzinerkresse enthält Senfölglykoside, die zur Abwehr von Bakterien und Viren genutzt werden können.[66] Zusätzlich wirkt Kapuzinerkresse auch gegen Hefepilze und besitzt hohe Gehalte an Carotinoiden und Anthocyanen. Der Vitamin-C-Gehalt ist mit 300 mg pro 100 g relativ hoch.

Hopfenspargel

Die jungen Triebe des wilden Hopfens sind eine leckere und lokale Alternative zu Kapern. Die Pflanze wächst wild auch in vielen Parks und Grünanlagen in der Stadt. Die Frühjahrstriebe ähneln grünem Spargel – daher werden sie auch »Hopfenspargel« genannt. Sie können roh oder gekocht verzehrt werden. Kurz in etwas Salz und Essig eingelegt, schmecken sie lecker, frisch und sehr aromatisch.

Kapuzinerkresse wird medizinisch hauptsächlich bei Harnwegsinfekten, Atemwegsinfektionen und grippalem Infekt eingesetzt.[65] Kenner*innen schätzen sie besonders für ihre süßliche Schärfe und die hübschen Blüten, die sich vor allem in Salaten gut machen.

  **hoher Vitamin-C-Gehalt, hilft bei Harn- und Atemwegsinfektionen sowie grippalem Infekt**

LAVENDEL

Lavendel ist vielen Menschen als Duftpflanze bekannt, die wenigsten wissen aber, dass er nicht nur essbar und sehr aromatisch ist, sondern durch das enthaltene ätherische Lavendelöl auf den Körper beruhigend und antiseptisch wirkt.[66] Wissenschaftliche Untersuchungen unterstreichen die beruhigende und entspannende Wirkung von Lavendel und Lavendelöl. Zudem wirkt beides entkrampfend, wundheilend, leicht antidepressiv, schmerzlindernd, entzündungshemmend und desinfizierend.[86] Lavendelblüten werden darum bei nervöser Erschöpfung und

Unruhezuständen als Tee eingesetzt. Auch bei Appetitlosigkeit und Reizdarmbeschwerden sowie Kreislaufstörungen zeigen sie ihren entspannenden Effekt auf die Muskulatur.[65] Deshalb kann Lavendel zusammen mit Hopfenblüte als beruhigender Einschlaftee genutzt werden. Darüber hinaus eignet er sich wunderbar zum Aromatisieren und Verzieren von Gebäck, aber auch als blumige Note in kräftigen Gerichten. Deiner Kreativität sind keine Grenzen gesetzt!

   **wirkt beruhigend, antiseptisch und vieles mehr**

LÖWENZAHN

Löwenzahn ist eine oft unterschätzte, aber extrem vielseitige Pflanze. Löwenzahnblätter lassen sich am besten im Frühjahr sammeln, wenn sie noch ganz zart sind und sich wunderbar als Salatbeigabe eignen. Die Blätter sind besonders reich an Beta-Carotin und enthalten relativ hohe Mengen an Vitamin C. Löwenzahn wirkt darüber hinaus auch appetitfördernd und entwässernd.[65] Er ist also ideal, um den Frühling mit einem Wildkräutersalat zu begrüßen. Die Blütenknospen kannst du in Essig einlegen und dann lecker und kreativ als Kapernersatz verwenden. Aus den gelben Blüten lassen sich zudem feiner Löwenzahnblütenessig oder Löwenzahnblütenhonig ansetzen, und auch die Wurzel kann zum Beispiel getrocknet als Tee aufgebrüht oder zum Aromatisieren von Essig verwendet werden.[77]

  **reich an Vitamin C, wirkt appetitfördernd und entwässernd**

PETERSILIE

Petersilie kommt ursprünglich aus dem mediterranen Raum, ist inzwischen aber weltweit verbreitet. Schon in der Antike verwendete man sie als harn- und menstruationstreibende Pflanze. Der Einsatz bei Harnwegserkrankungen blieb bis heute in der Pflanzenheilkunde erhalten. In der Naturmedizin wird Petersilie außerdem aufgrund ihrer Wirkung auf die Uterusmuskulatur geschätzt. Zusätzlich fördert sie den Abtransport von entzündlichen Stoffen und deren Ausscheidung über die Nieren und wirkt so entgiftend und harntreibend.[77] Nach dem Verzehr von zu großen Mengen Knoblauch hilft Petersilie außerdem dabei, möglichen Mundgeruch zu vermeiden. Das in großer Menge enthaltene Chlorophyll fördert dabei den schnellen Abbau des Knoblauchgeruchs im Magen. Es lohnt sich also, diesen Allrounder entweder im Garten, auf dem Balkon, im Kühlschrank oder eingefroren zur Hand zu haben.

   **wirkt entgiftend und harntreibend**

PFEFFERMINZE

Pfefferminzöl begegnet uns im Alltag in Eis, Zahnpasta, Erfrischungssprays oder Kaugummis. Gewonnen wird es aus den Blättern der Pfefferminze, in denen sich neben ätherischem Pfefferminzöl auch Flavonoide, Bitter- und Gerbstoffe finden.[66] Letztere wirken entspannend auf die Muskulatur des Magen-Darm-Trakts und fördern durch eine gesteigerte Produktion von Speichel und Magensäure die Verdauung.[65] Nach zu schwerem Essen und bei Völlegefühl hilft darum oft schon eine Tasse Pfefferminztee, um den Magen zu beruhigen. Minze ist ein sehr robustes Kraut und kann einfach angebaut werden. Da sie sich durch Ausläufer vermehrt, solltest du aber darauf achten, sie an einer zu starken Ausbreitung zu hindern – es sei denn, du wünschst dir einen Bodendecker aus Minze für deinen Garten.

 wirkt verdauungsfördernd, magenberuhigend und muskelentspannend

ROSMARIN

Rosmarin wird seit der Antike als aphrodisierende Pflanze angesehen. Er wirkt anregend auf den Kreislauf und das Nervensystem. Extrakte aus Rosmarin zeigen außerdem eine stark antioxidative Wirkung und unterstützen den Körper damit beim Kampf gegen freie Radikale, die zellschädigend wirken können. Darüber hinaus wird Rosmarin erfolgreich bei Magen-Darm-Beschwerden eingesetzt, da er krampflösend wirkt und auf milde Weise die Gallenproduktion anregt. In der Naturheilkunde wird er nicht nur zur Stärkung des Kreislaufs, sondern auch bei Kopfschmerzen und Migräne empfohlen.[65]

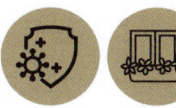 wirkt sehr vielseitig, u.a. anregend auf Kreislauf und Nervensystem, hat eine stark antioxidative Wirkung

SALBEI

Weltweit existieren mehr als 900 Salbeisorten. Bereits in früheren Zeiten wurde er für religiöse Zeremonien verwendet, und auch heute wird er noch zum Ausräuchern genutzt. Sein Name leitet sich vom lateinischen salvere – »gesund sein« – ab.[68]

Er ist aus den Kräutergärten nicht mehr wegzudenken – zum Glück, denn als Bienenweide stellt er, wie viele mediterrane Kräuter, eine wichtige Nahrungsquelle für Wild- und Honigbienen dar. Seine ätherischen Öle und Bitterstoffe, Steroide und Flavonoide wirken antimikrobiell und antioxidativ. Der antivirale Effekt von Salbei kommt allerdings nur bei äußerlicher Anwendung zum Tragen. Das ist aber nicht weiter tragisch, denn auch das in den Blättern enthaltene Salbeiöl hat Heilkräfte und zeigt nicht nur bei Völlegefühl oder Blähungen einen positiven Effekt, sondern wird auch mit Vorliebe bei Entzündungen der Mundschleimhaut eingesetzt.[65,66]

 wirkt antimikrobiell und antioxidativ, hilft gegen Entzündungen der Mundschleimhaut

SAUERAMPFER

Sauerampfer gehört ebenfalls zu den relativ bekannten Wildkräutern. Die Blätter können sehr gut als Suppe oder im Salat verwendet werden, wo sie mit ihrem angenehm säuerlichen Geschmack für Frische sorgen. In der besonders in Hessen beliebten Grünen Soße ist Sauerampfer eines der traditionell genutzten sieben Kräuter. Die im Sauerampfer enthaltenen Mineralstoffe und der hohe Vitamin-C-Gehalt regen die Infektabwehr an und wirken appetitanregend.[74] Die Blätter enthalten allerdings wie die von Rhabarber, Mangold, Spinat und Rote Bete recht viel Oxalsäure, weshalb von einem Verzehr größerer Mengen abgeraten wird.[65]

 hoher Vitamin-C-Gehalt, regt die Infektabwehr an und wirkt appetitanregend

THYMIAN

Orte, an denen Thymian wächst, seien von Feen gesegnet, heißt es in alten Volkssagen. Im Mittelalter wurden Thymianzweige auf die Kleidung von Rittern gestickt, denen sie Kraft verleihen sollten.[68] Kein Wunder, denn das Kraut aus dem Mittelmeerraum wirkt zum Beispiel bei Erkältungen. Thymian enthält große Mengen ätherischer Öle, insbesondere Thymol,[77] die sich unter anderem positiv auf die Sekretlösung in den Bronchien auswirken. Traditionell wird Thymian bei Atemwegsinfektionen wie Bronchitis und Keuchhusten eingesetzt, wo seine krampflösende Wirkung ebenfalls sehr hilfreich ist.[66] Thymiansirup ist dabei ein bewährtes Hausmittel zur Behandlung von Atemwegserkrankungen.[74] Die antibakteriellen Eigenschaften des Thymians werden auch industriell eingesetzt und vor allem bei der Herstellung von Mundspülungen und Cremes genutzt.[65]

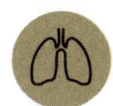  **wirkt bei Erkältungen und Atemwegsinfektionen**

WALDMEISTER

Waldmeister erfreut sich in der Naturmedizin großer Beliebtheit. Die enthaltenen Cumarine wirken stimmungsaufhellend, entkrampfend, beruhigend und entzündungshemmend. Er wird daher bei nervöser Unruhe, Menstruationsbeschwerden und Stimmungsschwankungen sowie Schlafstörungen eingesetzt.[65] Besonders der vor der Blüte gesammelte Waldmeister ist reich an Wirkstoffen. Sein charakteristisches Aroma entfaltet er erst im leicht angetrockneten Zustand. Besonders lecker ist er in der Mai-

bowle, aber auch als Sirup oder getrocknet als Tee ist Waldmeister sehr aromatisch und zudem lange haltbar.

  **wirkt stimmungsaufhellend, entkrampfend, beruhigend und entzündungshemmend**

GEWÜRZE

Gewürze erweitern die Vielfalt in der Küche und katapultieren uns im Handumdrehen an jedweden Ort auf dem Globus – ganz ohne dafür ins Flugzeug steigen zu müssen. Seit Jahrtausenden werden Gewürze gehandelt, und ihr Verzehr war die meiste Zeit den Reichen vorbehalten. Lange, gefährliche und mühselige Transportwege hielten die Preise konstant hoch. Dass es dank moderner Transport- und Kommunikationsmittel heute ohne Weiteres möglich ist, Gewürze aus aller Welt im Supermarkt um die Ecke zu erstehen, ist ein Luxus. In unseren Rezepten verwenden auch wir gelegentlich importierte Gewürze – wie das mit dem Anspruch an Regionalität dieses Buches einhergeht, liest du ab Seite 78. Nachfolgend stellen wir dir zunächst einige gesunde Gewürze vor, die direkt vor deiner Haustür wachsen (können).

BOCKSHORNKLEE

Bockshornkleesamen enthalten neben Schleimstoffen auch Saponine und Bitterstoffe. Sie können beim Verzehr den Appetit fördern und zeigen eine blutzuckersenkende Wirkung. Auch auf den Cholesteringehalt des Blutes wirken sie sich positiv aus.[65] Bockshornkleesprossen schmecken schön scharf und können ganz einfach auf der Fensterbank gezogen werden.

 **zeigen blutdrucksenkende Wirkung, können den Appetit fördern**

KÜMMEL

Kümmel enthält in seinen Früchten ätherisches Öl.[65] Es gilt als das am stärksten wirksame pflanzliche Mittel gegen Verdauungsbeschwerden und Blähungen, weshalb die Früchte des Kümmels in der Medizin traditionell bei Magenbeschwerden eingesetzt werden.[66] Außerdem wirken sie appetitanregend und antimikrobiell.[65] Beim Brotbacken ist Kümmel ein beliebtes Gewürz, aber auch für Sauerkraut, Käse- oder Fleischgerichte wird er gern genutzt. In klassischen Gerichten der deutschen oder böhmischen Küche wird ebenfalls häufig Kümmel verwendet, da er zur besseren Verdaulichkeit der oftmals eher schweren Speisen beiträgt.

 **gilt als stärkstes Pflanzenmittel gegen Verdauungsbeschwerden und Blähungen**

SENF

Senf gehört zur Familie der Kohlgewächse. Das charakteristisch scharfe Aroma entfaltet sich erst beim Zerstoßen oder Zermahlen der Senfkörner und anschließenden Vermischen mit einer Flüssigkeit.[65] Der alte deutsche Name »Mostrich« geht übrigens auf die römische Zubereitung zurück, bei der Senfsamen in Traubenmost eingelegt worden sind.[68] Senfsamen enthalten neben Öl Glukosinolate, welche eine hautreizende, antimikrobielle und pilzhemmende Wirkung haben. Bei innerlicher Anwendung verbessert Senf die Verdauung und wirkt appetitanregend.[74] Aber auch äußerlich, in Form von Umschlägen mit Senfmehlbrei, wirkt er auf vielfältige Weise. Senf wird bei Atemwegserkrankungen und rheumatischen Beschwerden, aber auch bei Fieber erfolgreich eingesetzt.[65] In Currys, zur klassischen Essiggurke oder einfach als Senffleisch oder zum Fleischersatz gereicht, ist er nicht nur für seine Würze und Schärfe beliebt, sondern auch für seine vielfältigen Einsatzmöglichkeiten und Heilwirkungen.

 **verbessert die Verdauung und wirkt appetitanregend, äußerlich für Umschläge u.a. bei Fieber**

WACHOLDER

Wacholderbeeren wirken harntreibend und werden daher insbesondere bei Erkrankungen der Harnwege verwendet.[65] Bei Kindern wird der angedickte Saft zur Prävention von Erkältungen empfohlen. Der leicht bittere Geschmack regt außerdem die Verdauung an. Wie auch Kümmel gehört Wacholder aufgrund seiner verdauungsförderlichen Eigenschaften zu den Gewürzen, die in der eher schweren deutschen und böhmischen Küche häufig verwendet werden. Aber auch in Italien oder Frankreich wird Wacholder gern zum Würzen deftiger Gerichte wie zum Beispiel Zwiebelsuppe verwendet. Und im Gin Tonic verfeinern ein bis zwei angestoßene Wacholderbeeren das Aroma.

   **wirkt harntreibend, hilft bei der Erkältungsprävention, regt die Verdauung an**

Auf einen Blick

UNSERE TOP-5-ALLESKÖNNER

Brennnessel
Knoblauch
Meerrettich
Petersilie
Zwiebeln

UNSERE TOP 5 BEI VERDAUUNGS-BESCHWERDEN

Fenchel
Kümmel
Pfefferminze
Leinsamen
Hafer

UNSERE TOP 5 BEI HERZ-KREISLAUF-ERKRANKUNGEN

Tomaten
Walnüsse
Heidelbeeren
Rote Bete
Bärlauch

UNSERE TOP 5 FÜR EIN STARKES IMMUNSYSTEM

Rote Beeren
Knoblauch
Meerrettich
Spinat
Zwiebeln

Heimische Superfoods und ihre Inhaltsstoffe im Überblick [64,65,66]

Wie du im letzten Kapitel gelesen hast, stehen die heimischen Alternativen den Superfoods in nichts nach, wenn es um die möglichen positiven Effekte auf die Gesundheit des Körpers geht. In der folgenden Übersicht haben wir die gesundheitsfördernden Inhaltsstoffe, deren Wirkung und einige heimische Lebensmittel, die besonders viel davon enthalten, übersichtlich zusammengefasst. Wir zeigen damit ausdrücklich nur das mögliche Potenzial einzelner Lebensmittelinhaltsstoffe auf. Insbesondere bei der Prävention von Krebserkrankungen, aber auch bei allen anderen Beschwerden, ist es wichtig, sich in Erinnerung zu rufen, dass die aufgezeigten Wirkungen zunächst meist auf Tierversuchen unter Laborbedingungen basieren und oft mit dem isolierten Inhaltsstoff experimentiert wird. Auch wenn einige Untersuchungsergebnisse aufschlussreich für zukünftige Therapien sein können, sind die entsprechenden Nahrungsmittel keineswegs ein Allheilmittel oder Gesundheitsgarant. Wir möchten hier zudem noch einmal darauf hinweisen, dass für jedes Lebensmittel, egal ob lokal oder importiert, das Gleiche gilt: Kein Lebensmittel allein macht gesund. Nur ein allgemein ausgewogener Lebensstil kann positive Auswirkungen auf unsere Gesundheit haben. Trotzdem macht es natürlich viel Freude zu wissen, womit man seinem Körper Gutes tun kann. Mit der folgenden Übersicht kannst du also deine Ernährung einmal auf den Prüfstand stellen.

ANTHOCYANE (PFLANZENFARBSTOFFE) Potenziell krebspräventive Wirkung, wirken antibakteriell und entzündungshemmend. Enthalten in: Heidelbeere, Holunder, Kapuzinerkresse, rote Beeren, Sanddorn

ÄTHERISCHES DILLÖL Fördert die Darmbeweglichkeit und wirkt krampflösend auf die Darmmuskulatur, wirkt außerdem schlaffördernd und harntreibend. Enthalten in: Dill

ÄTHERISCHES FENCHELÖL Fördert die Darmbeweglichkeit und wirkt krampflösend auf die Darmmuskulatur. Enthalten in: Fenchel

ÄTHERISCHES KÜMMELÖL Starke Wirkung gegen Verdauungsbeschwerden und Blähungen, mikrobielle und appetitfördernde Wirkung. Enthalten in: Kümmel

ÄTHERISCHES LAVENDELÖL Wirkt beruhigend, entspannend, antidepressiv und schlaffördernd, aber auch antiseptisch, entkrampfend, wund-heilend und schmerzlindernd. Enthalten in: Lavendel

ÄTHERISCHES PFEFFERMINZÖL Verdauungsfördernde, kühlende und antimikrobielle Wirkung. Enthalten in: Pfefferminze

ÄTHERISCHES ROSMARINÖL Antirheumatische und abführende Wirkung, mildes Asthmamittel. Enthalten in: Rosmarin

ÄTHERISCHES SALBEIÖL
Wirkt entzündungshemmend, antimikrobiell, schweißhemmend.
Enthalten in: Salbei

ÄTHERISCHES THYMIANÖL
Wirkt krampflösend, antibakteriell und sekretlösend in den Bronchien.
Enthalten in: Thymian

ÄTHERISCHES WACHOLDERÖL
Wirkt appetitanregend. Enthalten in: Wacholder

BALLASTSTOFFE
Positiver Einfluss auf die Darmbeweglichkeit und die Verdauung.
Enthalten in: Hafer, roten Beeren, Leinsamen, Meerrettich, Sonnenblumenkernen

BIOTIN
Wichtig zum Erhalt von Haut und Haaren. Enthalten in: Hafer, Nüsse

BITTERSTOFFE
Blutzuckersenkend, positive Wirkung auf die Funktion von Galle und Leber, wirken appetitfördernd, lindern Verdauungsbeschwerden und Völlegefühl. Enthalten in: Artischocken, Bockshornklee, Holunder, Hopfen, Pfefferminze, Radicchio, Rosmarin, Salbei

CALCIUM
Baustein von Knochen und Zähnen, Stabilisierung von Zellmembranen, ist an der Zellteilung und -spezialisierung beteiligt, trägt zu einer normalen Muskelfunktion und zu einer normalen Blutgerinnung bei.
Enthalten in: Brennnesseln, Brunnenkresse, Fenchel, Grünkohl, Hafer, Löwenzahn, Mangold, Portulak, Rucola, Sellerie, Spinat

CAROTINOIDE
»Radikalfänger« (Schutz vor oxidativen DNA-Schäden), Schutz des Immunsystems, antioxidative Wirkung. Bei dem in Tomaten vorkommenden Lycopin konnte in einzelnen Studien eine mögliche Prävention von Prostata-, Lungen- und Magenkrebs festgestellt werden, wobei die Wirkung nur bei hohem Tomatenverzehr, nicht bei Zugabe von isoliertem Lycopin feststellbar war.
Enthalten in: Brunnenkresse, Chicorée, Feldsalat, Fenchel, Kapuzinerkresse, Löwenzahn, Mangold, Spinat, Tomaten

CUMARINE
Wirken stimmungsaufhellend, entkrampfend, beruhigend und entzündungshemmend. Enthalten in: Waldmeister

EISEN
Trägt zur Bildung roter Blutkörperchen und zum Sauerstofftransport im Körper bei, spielt eine Rolle beim Energiestoffwechsel und trägt zur Verringerung von Müdigkeit sowie zu einer normalen kognitiven Funktion bei.
Enthalten in: Brennnesseln, Buchweizen, Hafer, Hirse, Kürbiskernem, Leinsamen, Roten Bete

FLAVONOIDE (BLÜTENFARBSTOFFE)
Antioxidative, antiallergische und potenziell tumorpräventive Wirkung. Enthalten in: Brennnesseln, Buchweizen, Petersilie, Pfefferminze, Salbei, Sanddorn, Wacholder, Walnüssen, Zwiebeln

FOLATE (FOLSÄURE)
Prävention fetaler Entwicklungsstörungen während der Schwangerschaft.
Enthalten in: Feldsalat, Hafer, Holunder, Roter Bete, Sellerie, Sonnenblumenkernen, Spinat

GERBSTOFFE Schwach harntreibende Wirkung, Linderung bei Magenentzündungen und Durchfallerkrankungen. Enthalten in: Hagebutten, Heidelbeeren, Pfefferminze, Rhabarber, roten Beeren, Wacholder

INULIN Präbiotikum (nicht verdaubarer Pflanzenbestandteil), das das Wachstum bestimmter »guter« Darmbakterien fördert. Enthalten in: Chicorée, Spargel

KALIUM Trägt zu einer normalen Funktion des Nervensystems und der Muskeln sowie zur Aufrechterhaltung eines normalen Blutdrucks bei. Enthalten in: Feldsalat, Fenchel, Haselnüssen, Mangold, Meerrettich, roten Beeren, Roter Bete, Sellerie, Spargel, Tomate

LINOLSÄURE Essenzielle Fettsäure, kann vom Körper nicht gebildet werden, sondern muss mit der Nahrung aufgenommen werden. Enthalten in: Brennnesselfrüchten, Hanfsamen, Leinsamen

MAGNESIUM Trägt zu einer normalen Funktion des Energiestoffwechsels, der Muskeln und des Nervensystems sowie der psychischen Funktion bei, hat einen positiven Einfluss auf die Blutgerinnung. Enthalten in: Brennnesseln, Hafer, Hirse, Fenchel, Kürbiskernen, Mangold, Leinsamen, Portulak, Spinat

NATRIUM Regulation des Wasserhaushaltes der Zellen und der Reizweiterleitung zwischen Muskeln und Nervenzellen. Enthalten in: Fenchel, Mangold

NITRAT Krampflösende und blutdrucksenkende Wirkung, wird allerdings bei zu hoher Zufuhr im Körper in Nitrit umgewandelt, woraus krebserregende Nitrosamine gebildet werden können. Es kann also nicht unkritisch von einem gesundheitlichen Nutzen von Nitrat gesprochen werden. Trotzdem sollte nicht auf das Gemüse verzichtet werden: Bei saisonal geerntetem Freilandgemüse ist der Gehalt deutlich geringer, und bei einer insgesamt ausgewogenen Gemüseauswahl überwiegen die positiven Aspekte. Enthalten in: Feldsalat, Roter Bete, Sellerie

OMEGA-3-FETTSÄUREN Positiver Einfluss auf den Fettstoffwechsel, Senkung des Risikos für koronare Herzerkrankungen. Enthalten in: Leinsamen, Walnüssen, Hanfsamen

PHOSPHOR Knochenbestandteil, beteiligt am Energiestoffwechsel und Säure-Basen-Haushalt. Enthalten in: Sonnenblumenkernen, Walnüssen

PHYTOSTERINE Pflanzenstoffe mit cholesterinsenkender Wirkung. Enthalten in: Kürbiskernen, Sonnenblumenkernen

PYRIDOXIN (VITAMIN B6) Unterstützt einen geregelten Stoffwechsel, hilfreich bei Übelkeit. Enthalten in: Brunnenkresse, Buchweizen, Kohl, Nüssen

RIBOFLAVIN (VITAMIN B2) Unterstützt einen geregelten Stoffwechsel. Enthalten in: Brunnenkresse, Buchweizen, Kohl, Mangold

SAPONINE (NATÜRLICHE SCHAUMBILDNER)
Potenziell krebspräventive Wirkung, Stimulation des Immunsystems. Enthalten in: Bockshornklee, Spargel, Spinat

SEROTONIN & TRYPTOPHAN (VORSTUFE VON SEROTONIN)
Einfluss auf den Schlaf-Wach-Rhythmus und die Stimmung. Enthalten in: Sonnenblumenkernen, Tomaten, Walnüssen

SCHWEFELHALTIGE VERBINDUNGEN
Blutdrucksenkend, cholesterinsenkend, antibiotische und antithrombotische Wirkung.
Enthalten in: Bärlauch, Knoblauch, Zwiebeln

SENFÖLGLYKOSIDE
Potenziell krebspräventive Wirkung, Hemmung des Wachstums schädlicher Keime im Darm, antimikrobielle Wirkung.
Enthalten in: Brunnenkresse, Kapuzinerkresse, Kohl, Meerrettich, Senf

SILIZIUM
Stärkung der Haut, des Bindegewebes und der Knochen. Enthalten in: Brennnesseln, Hirse

THIAMIN (VITAMIN B1)
Trägt zu einer normalen Funktion des Energiestoffwechsels, des Nerven-systems, des Herz-Kreislauf-Systems sowie der psychischen Funktion bei.
Enthalten in: Buchweizen, Hafer

VITAMIN C
Antioxidative Wirkung, fördert die Funktion der Leukozyten bei der Immunabwehr und trägt so zu einer normalen Funktion des Immunsystems bei, erhöht die Eisenaufnahme und verringert so Müdigkeit und Erschöpfung.
Enthalten in: Brennnesseln, Brunnenkresse, Feldsalat, Fenchel, Hagebutten, Heidelbeeren, Holunder, Kapuzinerkresse, Löwenzahn, Meerrettich, Petersilie, Rhabarber, roten Beeren, Sanddorn, Sauerampfer, Sellerie, Spinat, Tomaten

VITAMIN E
Trägt dazu bei, die Zellen vor oxidativem Stress zu schützen, kann möglicherweise zur Senkung des Risikos für Herzerkrankungen und zur Linderung rheumatischer Beschwerden beitragen. Enthalten in: Hafer, Haselnüssen, Walnüssen

VITAMIN K
Positiver Einfluss auf die Blutgerinnung, spielt eine wichtige Rolle für die Knochengesundheit und kann den Knochenabbau bei Frauen nach den Wechseljahren verlangsamen.
Enthalten in: Grünkohl, Spinat

Wie lassen sich importierte Superfoods ersetzen? [68,70,84,87,88,89]

Die meisten weit gereisten Produkte, die als Superfoods gelten, können im alltäglichen Gebrauch ganz einfach durch regionale Produkte ausgetauscht werden, vor allem was ihre Gesundheitswirkung angeht. Auch kann es mitunter spannend sein, sich einmal zu überlegen, was genau an den exotischen Superfoods so gut schmeckt und wie dieser Geschmack alternativ kreiert werden kann.

Im Rahmen der Fallbeispiele Avocado, Quinoa, Mandeln und Kakao haben wir für diese vier Lebensmittel bereits Ersatzmöglichkeiten vorgestellt. Hier findest du nun eine tabellarische Übersicht, in der die Inhaltsstoffe dieser und weiterer beliebter Superfoods aufgelistet und jeweils heimischen Pendants, die dieselben Nährstoffe bieten, gegenübergestellt werden. So kannst du schnell und auf einen Blick sehen, welche lokalen Alternativen dir die gleichen gesundheitlichen Vorzüge bieten.

Mehr Informationen zu den regionalen Produkten und ihren Inhaltsstoffen findest du in den Zusammenstellungen ab Seite 38.

AÇAI

Inhaltsstoff: Anthocyane. Enthalten in: Heidelbeeren, Holunder, Kapuzinerkresse, roten Beeren, Sanddorn

ACEROLA

Inhaltsstoff: Carotinoide. Enthalten in: Brunnenkresse, Chicorée, Feld-salat, Fenchel, Kapuzinerkresse, Löwenzahn, Mangold, Spinat, Tomaten
Inhaltsstoff: Vitamin C. Enthalten in: Brennnesseln, Brunnenkresse, Feldsalat, Fenchel, Hagebutten, Heidelbeeren, Holunder, Kapuzinerkresse, Löwenzahn, Meerrettich, Petersilie, Rhabarber, roten Beeren, Sanddorn, Sauerampfer, Sellerie, Spinat, Tomaten

AMARANTH

Inhaltsstoff: Ballaststoffe. Enthalten in: Hafer, roten Beeren, Leinsamen, Meerrettich, Sonnenblumenkerne
Inhaltsstoff: Calcium. Enthalten in: Brennnesseln, Brunnenkresse, Fenchel, Grünkohl, Hafer, Löwenzahn, Mangold, Portulak, Rucola, Sellerie, Spinat
Inhaltsstoff: Eisen. Enthalten in: Brennnesseln, Buchweizen, Hafer, Hirse, Kürbiskernen, Leinsamen, Roter Bete
Inhaltsstoff: Magnesium. Enthalten in: Brennnesseln, Hafer, Hirse, Fenchel, Kürbiskernen, Mangold, Leinsamen, Portulak, Spinat

ARONIA

Inhaltsstoff: Anthocyane. Enthalten in: Heidelbeeren, Holunder, Kapuzinerkresse, roten Beeren, Sanddorn

AVOCADO

Inhaltsstoff: Kalium. Enthalten in: Feldsalat, Fenchel, Haselnüssen, Mangold, Meerrettich, roten Beeren, Roter Bete, Sellerie, Spargel, Tomaten
Inhaltsstoff: Omega-3-Fettsäuren. Enthalten in: Leinsamen, Walnüssen
Inhaltsstoff: Vitamin E. Enthalten in: Hafer, Haselnüssen, Kohl, Löwenzahn, Spargel, Tomaten, Walnüssen

CHIA

Inhaltsstoff: Ballaststoffe. Enthalten in: Hafer, roten Beeren, Leinsamen, Meerrettich, Sonnenblumenkernen
Inhaltsstoff: Calcium. Enthalten in: Brennnesseln, Brunnenkresse, Fenchel, Grünkohl, Hafer, Löwenzahn, Mangold, Portulak, Rucola, Sellerie, Spinat
Inhaltsstoff: Omega-3-Fettsäuren. Enthalten in: Leinsamen, Walnüssen

GOJI

Inhaltsstoff: Vitamin C. Enthalten in: Brennnesseln, Brunnenkresse, Feldsalat, Fenchel, Hagebutten, Heidelbeeren, Holunder, Kapuzinerkresse, Löwenzahn, Meerrettich, Petersilie, Rhabarber, roten Beeren, Sanddorn, Sauerampfer, Sellerie, Spinat, Tomaten

KAKAO

Inhaltsstoff: Calcium. Enthalten in: Brennnesseln, Brunnenkresse, Fenchel, Grünkohl, Hafer, Löwenzahn, Mangold, Portulak, Rucola, Sellerie, Spinat
Inhaltsstoff: Eisen. Enthalten in: Brennnesseln, Buchweizen, Hafer, Hirse, Kürbiskernen, Leinsamen, Roter Bete
Inhaltsstoff: Magnesium. Enthalten in: Brennnesseln, Hafer, Hirse, Fenchel, Kürbiskernen, Mangold, Leinsamen, Portulak, Spinat
INHALTSSTOFF: Serotonin & Tryptophan. Enthalten in: Sonnenblumenkernen, Walnüssen

MANDELN

Inhaltsstoff: Calcium. Enthalten in: Brennnesseln, Brunnenkresse, Fenchel, Grünkohl, Hafer, Löwenzahn, Mangold, Portulak, Rucola, Sellerie, Spinat
Inhaltsstoff: Carotinoide. Enthalten in: Brennnesseln, Buchweizen, Hafer, Hirse, Kürbiskerne, Leinsamen, Rote Bete
Inhaltsstoff: Folate. Enthalten in: Brennnesseln, Hafer, Hirse, Fenchel, Kürbiskerne, Mangold, Leinsamen, Portulak, Spinat
Inhaltsstoff: Kalium. Enthalten in: Brennnesseln, Hafer, Hirse, Fenchel, Kürbiskerne, Mangold, Leinsamen, Portulak, Spinat
Inhaltsstoff: Magnesium. Enthalten in: Brennnesseln, Hafer, Hirse, Fenchel, Kürbiskerne, Mangold, Leinsamen, Portulak, Spinat
Inhaltsstoff: Riboflavin (Vitamin B2). Enthalten in: Brunnenkresse, Buchweizen, Kohl, Mangold
Inhaltsstoff: Vitamin E. Enthalten in: Hafer, Haselnüssen, Kohl, Löwenzahn, Spargel, Tomaten, Walnüssen

Maqui

Inhaltsstoff: Anthocyane. Enthalten in: Heidelbeeren, Holunder, Kapuzinerkresse, roten Beeren, Sanddorn

Moringa

Inhaltsstoff: Calcium. Enthalten in: Brennnesseln, Brunnenkresse, Fenchel, Grünkohl, Hafer, Löwenzahn, Mangold, Portulak, Rucola, Sellerie, Spinat

Inhaltsstoff: Carotinoide. Enthalten in: Brunnenkresse, Chicorée, Feld-salat, Fenchel, Kapuzinerkresse, Löwenzahn, Mangold, Spinat, Tomaten

Inhaltsstoff: Eisen. Enthalten in: Brennnesseln, Buchweizen, Hafer, Hirse, Kürbiskernen, Leinsamen, Roter Bete

Inhaltsstoff: Kalium. Enthalten in: Feldsalat, Fenchel, Haselnüssen, Mangold, Meerrettich, roten Beeren, Roter Bete, Sellerie, Spargel, Tomaten

Inhaltsstoff: Vitamin C. Enthalten in: Brennnesseln, Brunnenkresse, Feldsalat, Fenchel, Hagebutten, Heidelbeeren, Holunder, Kapuzinerkresse, Löwenzahn, Meerrettich, Petersilie, Rhabarber, roten Beeren, Sanddorn, Sauerampfer, Sellerie, Spinat, Tomaten

Noni

Inhaltsstoff: Calcium. Enthalten in: Brennnesseln, Brunnenkresse, Fenchel, Grünkohl, Hafer, Löwenzahn, Mangold, Portulak, Rucola, Sellerie, Spinat

Inhaltsstoff: Omega-3-Fettsäuren. Enthalten in: Leinsamen, Walnüssen

INHALTSSTOFF: Riboflavin (Vitamin B2). Enthalten in: Brunnenkresse, Buchweizen, Kohl, Mangold

Inhaltsstoff: Thiamin (Vitamin B1). Enthalten in: Buchweizen, Hafer

Inhaltsstoff: Vitamin C. Enthalten in: Brennnesseln, Brunnenkresse, Feldsalat, Fenchel, Hagebutten, Heidelbeeren, Holunder, Kapuzinerkresse, Löwenzahn, Meerrettich, Petersilie, Rhabarber, roten Beeren, Sanddorn, Sauerampfer, Sellerie, Spinat, Tomaten

Quinoa

Inhaltsstoff: Eisen. Enthalten in: Brennnesseln, Buchweizen, Hafer, Hirse, Kürbiskernen, Leinsamen, Roter Bete

Inhaltsstoff: Magnesium. Enthalten in: Brennnesseln, Hafer, Hirse, Fenchel, Kürbiskernen, Mangold, Leinsamen, Portulak, Spinat

Inhaltsstoff: Vitamin E. Enthalten in: Hafer, Haselnüssen, Kohl, Löwenzahn, Spargel, Tomaten, Walnüssen

Spirulina

Inhaltsstoff: Chlorophyll. Enthalten in: Grünes Blattgemüse

Inhaltsstoff:Vitamin B12 (jedoch nicht in der Form verfügbar, die vom Körper aufgenommen werden kann). Enthalten in: tierischen Produkten (muss bei veganer Ernährung durch Nahrungsergänzungsmittel aufgenommen werden)

So kommen gesunde Lebensmittel aus deiner Nachbarschaft auf den Tisch

Wie gestalte ich meine Küche abwechslungsreich?

Die Vorteile und Stärken heimischer Lebensmittel haben wir dir in diesem Buch bereits ausführlich dargestellt. Doch wie bereitet man Brennnesseln, Buchweizen, Radicchio und Co schmackhaft zu? Wie lassen sich Gerichte zusammenstellen, deren Zutaten allesamt zur gleichen Zeit regional und saisonal verfügbar sind? Und woher bekommt man überhaupt regionales Gemüse? Solche Fragen wollen wir in diesem Kapitel beantworten. Hier findest du Tipps und Tricks für eine vielseitige, nachhaltige und gesunde Küche sowie Anregungen zum Bezug regionaler Lebensmittel. Ab Seite 76 präsentieren wir nach Jahreszeiten sortierte Rezeptideen, wie du die im vorigen Kapitel vorgestellten Lebensmittel zubereiten kannst. Dieses Buch soll dabei keineswegs eine Gebrauchsanweisung sein, der du Schritt für Schritt folgst – ganz im Gegenteil. Die Rezepte sollen vor allem der Inspiration dienen und zeigen, wie vielseitig sich regionale Zutaten in Szene setzen lassen. Denn gesunde Ernährung bedeutet nicht so viel Superfood wie möglich, sondern vor allem abwechslungsreich zu essen. Wir wollen dazu anregen, mit offenen Augen über den Markt und entlang der Regale zu gehen und zu den Dingen zu greifen, die du vielleicht noch nie angerührt hast.

Dabei gilt im Grundsatz: Alles, was zur gleichen Zeit Saison hat, passt auch gut zusammen. Es sind dir keine Grenzen gesetzt, wie du die Dinge kombinierst und mit welchen Gewürzen und Kräutern du sie aufpeppst. Hier ein paar praktische Tipps, mit denen eine gesunde, vielseitige und nachhaltige Küche ganz einfach gelingt:

Regionalisiere es!

Koche deine Lieblingsgerichte, aber mit regionalen Lebensmitteln. Fast jeder internationale Klassiker lässt sich mit lokalen Zutaten abwandeln. Das ist nicht nur umweltfreundlicher, es bringt auch Abwechslung auf deinen Teller. Probiere doch einmal …

- Gerste, Buchweizen oder Hirse statt Reis
- Hafer-, Dinkel- und Hirsedrink statt Mandel- oder Reisdrink
- Lupinenjoghurt statt Kokos- oder Sojajoghurt
- Zuckerrübensirup oder Honig statt Ahornsirup

Resteverwertung macht Spaß!

Mit etwas Kreativität und Experimentierfreude herrscht bald gähnende Leere in deiner Bio-Tonne und dafür ein dickes Plus auf deinem Konto, denn: Lebensmittelabfälle müssen nicht sein! Mal wieder zu viele Pflaumen gekauft, und nun weißt du nicht, wohin mit den letzten weichen Exemplaren? Warum nicht einmal püriert zur Tomatensauce geben? Allgemein gilt:

> Suppen nehmen dankbar jedes Gemüse auf.
> Beinahe jedes Obst eignet sich für einen Smoothie.
> Nahezu alle Gemüsereste lassen sich einfrieren oder sammeln und zu einer leckeren und gesunden Gemüsebrühe als Grundlage für Eintöpfe kochen. Nimm zum Beispiel Möhrenschalen, Stängel von Kräutern, die Enden von Lauch und ein paar Zwiebelschalen (für die Farbe). Alles zusammen aufkochen und ein paar Minuten köcheln lassen, die Gemüsereste abschöpfen, und fertig ist die Brühe. Eine Parmesanrinde gibt ihr zusätzlich Geschmack.
> Altes Brot einfrieren (z. B. für eine saftige Einlage in einer Tomatensuppe) oder zu Semmelbröseln oder Croutons verarbeiten.

Nicht alles ist Abfall!

Auch bei Pflanzen gibt es mehr zu entdecken als das »Filet«. Wie wäre es mit Pesto aus Möhrengrün, Salat von Radieschenblättern oder einer leckeren Suppe aus Stängeln und Blättern von Roter Bete und Blumenkohl? Bonus: Die vermeintlichen »Abfälle« enthalten oft mehr wertvolle Inhaltsstoffe als das Gemüse selbst! Denke jedoch vor der Verwendung der Pflanzenteile daran, dass nicht alle grundsätzlich genießbar sind – Hände weg zum Beispiel von den Blättern von Nachtschattengewächsen (wie Kartoffel oder Tomate). Wenn du dir un-

sicher bist, informiere dich am besten, bevor du das Grün mitverarbeitest.

Die Würze macht's!

Wir geben zu: Wenn sich das lokale Angebot im Winter auf Kohl und Wurzelgemüse reduziert, kann das etwas eintönig sein. Die gute Nachricht aber lautet: Auch regionale Küche muss nicht zwangsläufig auf internationales Flair verzichten. Also lasse dich von den Küchen dieser Welt inspirieren, und experimentiere mit Kräutern und Gewürzen. Ofengemüse aus Rüben, Beten und Kohl kannst du beispielsweise pur mit Salz und Pfeffer genießen oder mit mediterranen Kräutern wie Thymian und Rosmarin kredenzen, aber auch mit japanischem Touch mit Sojasauce und Reisessig anmachen. Klingt lecker, oder?

Woher bekomme ich gute Produkte?

Wie du ab Seite 59 lesen kannst, gibt es mehr als genug verschiedene und gesunde Lebensmittel, die frisch und direkt aus der näheren Umgebung auf unserem Teller landen können. Doch die Suche nach regionalen Produkten kann manchmal schnell zu Frustration führen. Denn vieles, was theoretisch bei uns wächst, ist im Supermarkt dennoch Importware. Oft ist das auf den ersten Blick noch nicht einmal zu erkennen. Sonnenblumen gibt es doch hier, denkt man – und schon ist mitunter ein weit gereistes Produkt im Einkaufswagen gelandet. Da hilft nur: Augen auf beim Einkauf und das Kleingedruckte lesen.

Außerdem sind die Begriffe »regional«, »heimisch« und »lokal« nicht gesetzlich geschützt, anders als dies zum Beispiel bei der Bezeichnung »bio« der Fall ist. Das heißt: Die Hersteller können selbst entscheiden, wie groß die Region ist, in der sie ihr Produkt als »regional« bewerben. Daher gibt es mittlerweile zahlreiche Siegel und Marken, die alle unterschiedliche Kriterien anlegen. Stark verarbeitete Lebensmittel bestehen außerdem meist aus mehreren Zutaten, die oft an vielen verschiedenen Orten verarbeitet wurden. Wie viel Regionales in solchen Produkten wirklich steckt, ist dann meist nicht mehr erkennbar.[91,92] Auch hier heißt es also: genau hinschauen, woher ein als regional beworbenes Produkt wirklich kommt, und stark verarbeitete Lebensmittel so weit wie möglich meiden.

Gleichzeitig bedeutet regional nicht zwangsläufig umweltfreundlich: Auch in Deutschland wird in der Landwirtschaft meist in Monokulturen angebaut, es kommen künstliche Düngemittel und Pestizide zum Einsatz. Wer Umwelt und Gesundheit etwas Gutes tun möchte, sollte daher neben Regionalität auf biologische Herkunft der Lebensmittel achten. Regionale Lagerware und Ware aus dem Gewächshaus können zudem sogar klimaschädlicher sein als Produkte aus Übersee (siehe Exkurs: Klimabilanz von Lebensmitteln auf Seite 74/75). Regel Nummer eins lautet daher: saisonal einkaufen! Denn nur dann kann die Ware frisch aus der Region kommen. Dabei kann ein Saisonkalender eine hilfreiche Unterstützung sein.

Auch wenn in unseren Supermärkten nahezu jedes Lebensmittel ganzjährig zu bekommen ist: Kannst du dir vorstellen, was für eine Geschmacksexplosion die erste Tomate im Hochsommer auslöst, nachdem du den ganzen Winter sehnsüchtig auf die Tomatensaison gewartet hast? Wie sich die Vorfreude auf die ersten Radieschen im Frühjahr anfühlt? Beim Spargel ken-

Regionale Produkte während der Saison sind oft günstig

nen und schätzen wir noch den Hochgenuss, den ein nur saisonal verfügbares Lebensmittel auslösen kann. Ist es nicht eigentlich schade, dass wir uns diese Erlebnisse nehmen, wenn wir das ganze Jahr hindurch die gleichen Produkte kaufen, die noch dazu im Winter aus dem Gewächshaus oder nach langen Transporten meist ziemlich fad schmecken? Sich regional-saisonal zu ernähren mag am Anfang als Herausforderung erscheinen. Doch tatsächlich macht saisonale Küche den Weg frei für die Vielfalt, die man verpasst, wenn man ganzjährig nur zu Tomaten und Zucchini greift.

Wenn sich Produkte partout nicht regional beschaffen lassen, hilft es, den Radius schrittweise zu erweitern, eventuell auch über Landesgrenzen hinweg. Ein polnisches Lebensmittel kann nach Berlin beispielsweise kürzere Transportwege haben als eines aus Freiburg. Wenn es unbedingt Ware aus Übersee sein muss, ist der Genuss von ökologisch erzeugten und fair gehandelten Produkten vorzuziehen. So stellst du zumindest sicher, dass die negativen Auswirkungen auf Umwelt und Menschen vor Ort reduziert sind. Flugfracht weist zudem einen deutlich höheren CO_2-Ausstoß auf als per Frachtschiff importierte Ware, sodass der Rückgriff auf Letzteres eine Option sein kann. Das liegt daran, dass Containerschiffe ein immenses Transportvolumen aufweisen, was letztlich zu vergleichsweise geringen Transportemissionen pro Kilogramm Lebensmittel führen kann. Dennoch werden auch Schiffe mit fossilen Brennstoffen betrieben und belasten die Umwelt mit jeder Seemeile.

Kaffee- und Schokoladengenießer*innen, aufgepasst! Seit einiger Zeit lässt sich zum Beispiel gesegelter Kaffee und gesegelte Schokolade in ausgewählten Geschäften in Deutschland finden.

Was bedeutet eigentlich regionale Ernährung, und warum ist das gut?

Regionale beziehungsweise lokale Lebensmittel sind Produkte, die in derselben Region konsumiert werden, in der sie auch produziert wurden. Aufgrund der kurzen Transportwege weisen diese Lebensmittel meist eine deutlich bessere Klimabilanz auf als importierte Produkte (siehe dazu auch den Exkurs »Klimabilanz von Lebensmitteln«). Zudem können sie voll ausgereift geerntet werden und bedeutend frischer auf dem Teller der Verbraucher*innen landen. Dadurch bleiben nicht nur mehr der gesunden Inhaltsstoffe erhalten, die Produkte schmecken auch aromatischer. Die kurzen Wege bedeuten zudem überschaubarere Strukturen und führen somit zu mehr Transparenz. Je weniger Akteure an der Produktion und dem Transport eines Lebensmittels beteiligt sind, desto geringer ist die Wahrscheinlichkeit für Lebensmittelskandale und Betrug.[96,97] Und: Bei Lebensmitteln aus Deutschland werden in aller Regel die europäischen Mindeststandards für Arbeits- und Umweltschutz eingehalten. Kinderarbeit und Drogenkartelle gibt es hier glücklicherweise nicht.

Die Segelschiffe kommen ohne fossile Energieträger aus und bieten darüber hinaus eine wahrlich nachhaltige Wertschöpfungskette der weit gereisten Bohnen.

Der Supermarkt um die Ecke mag zwar die schnellste Einkaufsmöglichkeit in deiner Nähe sein, doch sicher ist er nicht die Einzige. Versuche es doch mit einer der folgenden Bezugsquellen:

WOCHENMÄRKTE

Wochenmärkte gibt es seit Jahrhunderten, und sie erfahren langsam ein wohlverdientes Comeback. Nicht jeder Marktstand bietet Obst und Gemüse aus der Region an, doch das lässt sich praktischerweise direkt erfragen. Die Menschen hinter den Produkten ganz persönlich kennenlernen zu können zählt zu den großen Vorteilen von Wochenmärkten. Häufig kann direkt verkostet und zusätzlich noch ein Geheimtipp zur optimalen Verarbeitung mitgenommen werden. Zudem werden lokale Erzeugnisse während ihrer Saison aufgrund von hohen Angebotsmengen und Überproduktionen teilweise sehr günstig angeboten. Viele Wochenmärkte besitzen mittlerweile eigene Webseiten, sodass eine einfache Recherche im Netz Aufschluss darüber gibt, wann und wo der nächste Marktbesuch geplant werden kann.

SoLaWis

Selbst im Bio-Laden gibt es kaum Produkte aus der Region? Du kaufst immer die gleichen drei Gemüsesorten und willst Neues entdecken? Oder du interessierst dich besonders für die Erzeugung der Lebensmittel, die du konsumierst, und würdest gerne selbst einmal auf dem Acker oder im Gemüsegarten stehen? Dann ist eine Mitgliedschaft in einer Solidarischen Landwirtschaft (kurz: SoLaWi) vielleicht etwas für dich: Dabei schließt sich ein Hof mit einer Gruppe privater Haushalte zusammen. Die Mitglieder zahlen ein Jahr lang einen festen, meist monatlichen Betrag, der die Kosten der Produktion deckt. Im Gegenzug erhalten sie einen Anteil der Ernte und manchmal auch weiterverarbeitete Produkte, die wöchentlich in einer bunt gemischten Kiste bereitgesellt werden. Bei vielen SoLaWis ist es üblich, dass die Mitglieder sich verpflichten, ein- bis zweimal im Jahr selbst auf dem Hof mit anzupacken. So kannst du aus erster Hand erfahren, wie dein Essen angebaut wird, und die Menschen kennenlernen, die es für dich produzieren. Du tust als SoLaWi-Mitglied also etwas für die Erzeuger*innen, da du ihnen einen fairen und festen Preis für ihre Arbeit garantierst, und etwas für die Umwelt, denn das Essen kommt aus deiner Region und wird bestenfalls ökologisch angebaut. Und schließlich tust du auch etwas für dich, denn du bekommst jede Woche einen vielfältigen Mix frischer, gesunder und lokaler Lebensmittel. Kleiner Tipp: Wenn du merkst, dass ein ganzer Ernteanteil zu viel für dich ist, schließe dich einfach mit Mitbewohner*innen, Nachbar*innen oder Freund*innen zusammen, sodass ihr euren Anteil teilen und damit bis auf die letzte Kartoffel nutzen könnt. Und wer weiß, vielleicht lernst du so noch Gemüse lieben, das du sonst nie gekauft hättest? Lass dich überraschen!

BIO- UND REGIONALKISTEN

Wer sich nicht für eine Saison oder ein ganzes Jahr binden möchte, kann auf Bio- oder Regionalkisten zurückgreifen. Im Unterschied zur SoLaWi bekommst du hier normalerweise keinen Mix aus allen Produkten des Hofes, sondern kannst in der Regel von Woche zu Woche selbst entscheiden, welche Produkte du bestellen möchtest. So bleibst du flexibler, bietest dem Hof dafür aber auch keine Kostensicherheit wie beim SoLaWi-Konzept. Der Vorteil der Kisten im Vergleich zum Supermarkt ist, dass du die Produkte ganz bequem direkt an die Haustür geliefert bekommst – das macht vor allem Sinn, wenn du den Hof selbst nur mit dem Auto erreichen könntest. Aber aufgepasst: Manche Biokistenanbieter*innen kaufen Produkte vom Großmarkt zu. So können sie ein volles Sortiment wie im Bio-Laden anbieten und Erzeugnisse, die auf dem eigenen Acker selbst nicht produziert werden (können), mitverkaufen. Hier musst du etwas genauer hinschauen, wenn du sicherstellen willst, dass die Karotten wirklich aus deiner Region stammen.

Balkon-garten

HOFLÄDEN

Nicht zuletzt kannst du natürlich auch den klassischen Hofladen ansteuern. So kannst du mit eigenen Augen sehen, woher dein Essen kommt, und dir alle Fragen zu dessen Herstellung beantworten lassen. Denke auch hier daran, dass eine Autofahrt eigens zum Hofladen die CO_2-Bilanz der Produkte wieder verschlechtert. Verbinde den Einkauf daher am besten mit einer Radtour, oder versuche, die Fahrt mit anderen Erledigungen auf dem Weg zu kombinieren.

IM ÖFFENTLICHEN RAUM ERNTEN

Wer sagt denn eigentlich, dass du dein Essen kaufen musst? In Parks und an Wegrändern stehen viele Pflanzen, deren essbare Früchte oft einfach verrotten. Schade eigentlich, denn frischere, regionalere Nahrung wirst du kaum finden können, und das auch noch völlig kostenlos! Wenn du mit offenen Augen durch deine Nachbarschaft läufst, wirst du sicherlich schnell fündig werden. Zudem hilft dir die Onlineplattform mundraub.org, Erntemöglichkeiten im öffentlichen Raum in deiner Nähe zu finden. Achte darauf, dass die Pflanzen wirklich geerntet werden dürfen und sich nicht auf einem Privatgrundstück befinden. Dabei solltest du nur so viel ernten, wie du selbst isst beziehungsweise verarbeiten kannst. Die Platt-

form informiert außerdem darüber, an welchen Standorten die Ernte aufgrund hoher Schadstoffbelastungen lieber ausgelassen werden sollte.

SELBER ANBAUEN

Wie wäre es, wenn du dein Essen einfach selbst ziehst? Das geht auch ganz ohne Garten – ein Balkon oder sogar eine Fensterbank sind ausreichend für die meisten Kräuter und sogar einige Gemüsesorten. Ein paar Töpfe mit Kräutern erfordern weder viel Zeit noch einen grünen Daumen. Leicht auf Balkon und Fensterbank anbaubare Lebensmittel haben wir im Kapitel »Super Local Food – viele alte Bekannte« ab Seite 36 gekennzeichnet. Gerade das reduzierte Angebot an Regionalem im Winter lässt sich gut durch ein paar Töpfe mit frischem Grün auf der Fensterbank überbrücken. Wie wäre es zum Beispiel mit saftigem Gerstengras für deinen Smoothie oder knackigen Sprossen für den Salat? Auch hier gilt: Probiere am besten einfach aus, was bei dir wächst. Frischer und lokaler geht es nicht!

Klimabilanz von Lebensmitteln

Die Herstellung von Lebensmitteln bringt immer Ausstoß von klimaschädlichen Gasen mit sich. Wie viele Treibhausgase freigesetzt werden, hängt jedoch erheblich von den Lebensmitteln, der Produktionsweise, der Länge des Transportweges und dem genutzten Transportmittel ab. Die Berechnung der Emissionen eines Lebensmittels ist hochkomplex, denn diese können an vielen Stellen der Wertschöpfungskette anfallen. Klimaschädliche Gase werden unter anderem durch Landnutzungsänderungen (aus Wäldern und Mooren werden zum Beispiel Viehweiden), durch den Einsatz von Dünger, durch Tierhaltung, durch Verwendung landwirtschaftlicher Maschinen, bei der Verarbeitung, bei der Lagerung (zum Beispiel durch Kühlung) und/oder beim Transport (nicht nur von der Verarbeitung zur Verkaufsstelle, sondern auch zwischen verschiedenen Verarbeitungsorten) freigesetzt. Glücklicherweise musst du diese Punkte aber nicht alle einzeln in deine Kaufentscheidung einfließen lassen, denn es gibt vier Faustregeln, mit deren Hilfe du deine Ernährung klimaverträglicher gestalten kannst: wenig tierische Produkte, biologisch, frisch & wenig verarbeitet, regional & saisonal.

Dass die intensive Tierhaltung besonders viele Treibhausgase freisetzt, hast du bestimmt schon gehört. Rindfleisch schneidet hier besonders schlecht ab, denn zusätzlich zum großen Bedarf an Futtermitteln, deren Produktion an sich bereits hohe Emissionen verursacht, entsteht während des Verdauungsvorgangs von Wiederkäuern das besonders klimaschädliche Methangas. Doch auch Schweinefleisch, Geflügel und weitere Fleischsorten sind klimaschädlich. Daher gilt: je fleischärmer deine Ernährung, desto klimafreundlicher! Auch Milchprodukte wie Butter oder Käse schlagen mit hohen Emissionen zu Buche, da zahlreiche Liter Milch für die Herstellung benötigt werden, deren Produktion wiederum mit Klimabelastungen einhergeht.[93]

>>> BIOLOGISCH

In der ökologischen Landwirtschaft werden deutlich weniger bis keine Pestizide eingesetzt und auf die Verwendung von Mineraldüngern verzichtet. Dies wirkt sich unter anderem positiv auf Biodiversität, Bodenfruchtbarkeit, Treibhausgasemissionen und den Ressourcenverbrauch aus. Mit dem Kauf von biologischen Produkten kannst du also einen Beitrag zu Umwelt- und Ressourcenschutz in der landwirtschaftlichen Produktion leisten.[95]

>>> FRISCH & WENIG VERARBEITET

Frische Lebensmittel weisen einen deutlich geringeren Energieverbrauch auf als Fertigprodukte. Bei der Herstellung durchlaufen verarbeitete Lebensmittel meist diverse Prozessstufen, wie beispielsweise Erhitzung oder (Tief-)Kühlung, die zu weiteren Treibhausgasemissionen führen. Zusätzlich kommen längere Transportwege durch verschiedene Produktionsstandorte und Verpackungsmaterialien hinzu.

>>> REGIONAL & SAISONAL

Weite Transportwege setzen mehr Treibhausgase frei, logisch. Doch spielt nicht nur der Weg, sondern auch das verwendete Transportmittel eine entscheidende Rolle: So fällt die Klimabelastung durch Luftfracht im Vergleich zu Hochseeschiff und LKW grundsätzlich bedeutend höher aus. Und auch der individuelle Verkehr mit dem Auto vom Supermarkt oder Bio-Laden bis nach Hause kann das Klima in hohem Maße belasten. Daher ist es entscheidend, auch den Transport über die letzten Kilometer möglichst nachhaltig zu gestalten, um eine klimaschonende Wirkung zu erzielen.

Auf Regionalität zu achten ist zwar eine gute Entscheidung, doch ohne die Berücksichtigung der Saison bringt es wenig: Regionale Lebensmittel müssen entweder gelagert werden oder aus dem Treibhaus stammen, um außerhalb der Saison bei uns verfügbar zu sein. Beides setzt durch den Energieverbrauch für die Kühlung der Lagerhäuser beziehungsweise Beheizung der Gewächshäuser hohe Mengen Treibhausgase frei. So können Lebensmittel, regional und biologisch angebaut, außerhalb der Saison sogar ein Vielfaches mehr an Emissionen verursachen als solche, die per Schiff aus Übersee hierher transportiert wurden.[93, 94]

REZEPTE

Frühling ●
ab Seite 81

Sommer ●
ab Seite 92

HERBST

ab Seite 112

WINTER

ab Seite 130

 Alle Rezepte sind vegetarisch und für 4 Personen berechnet.

Leg los mit unseren Lieblingsrezepten

Auf den folgenden Seiten stellen wir dir zahlreiche unserer liebsten Rezepte vor. Meistens spielen dabei mehrere heimische Lebensmittel die Hauptrolle. Wir möchten damit zeigen, dass eine ausgewogene Küche aus regionalen und saisonalen Produkten nicht nur gesund, sondern vor allem abwechslungsreich und vielseitig ist. Dabei findest du auch einige Klassiker der internationalen Küche neu interpretiert. Wichtig ist uns, dass diese Art des Kochens Spaß macht und zu eigenen Kreationen anregt. Viele Kräuter und Nüsse lassen sich – ebenso wie Obst und Gemüse der Saison – beliebig austauschen. Auch verschiedene Öle, Essige oder Getreidesorten lassen neue Variationen entstehen.

Das Kapitel ist nach Jahreszeiten gegliedert. Da viele Obst- und Gemüsesorten auch außerhalb ihrer Saison in unseren Supermärkten verfügbar sind, sind die Monate angegeben, in denen die verwendeten Zutaten in Deutschland frisch und regional erhältlich sind und daher am besten schmecken. Zu jeder Jahreszeit stellen wir passende Salate, Suppen, Hauptgerichte, Snacks, Gebäck, Desserts und Frühstücksoptionen vor.

Alle Gerichte sind vegetarisch oder vegan. Letztere sind entsprechend markiert. Grundsätzlich lassen sich fast alle auch ausschließlich vegan zubereiten. Wie das geht, haben wir jeweils vermerkt. Alle Rezepte kannst du mit gebrauchsüblichem Weizenmehl zubereiten, auch wenn in den Gerichten andere Mehlsorten angegeben sind. Wir möchten dich aber dazu ermutigen, auch mit Mehl aus anderen Getreidesorten oder mit Vollkornmehlen zu experimentieren. Das ist nicht nur gesund, sondern bringt Abwechslung in puncto Konsistenz und Geschmack. Dafür jedoch am besten nur einen Teil des Mehls ersetzen. Die Gerichte eignen sich stets für vier Personen, wenn nicht anders angegeben.

Regionales Gemüse, importierte Zutaten?

Du wirst sehen, dass wir hin und wieder auf importierte Zutaten wie Gewürze, Olivenöl, Aceto Balsamico oder Zitronen zurückgreifen, um einen vielfältigen Geschmack auf den Teller zu bringen. Du findest das inkonsequent? Dann kannst du diese Zutaten natürlich einfach weglassen oder durch heimische Kräuter,

Kaufe saisonal!

Bei Gewürzen auf Regionalität zu achten ist schwierig, aber nicht unmöglich.

Früchte und Öle ersetzen: Sonnenblumenöl, Nussöl oder Leinöl statt Olivenöl, Apfelessig oder Verjus statt Zitronensaft, Himbeeressig statt Aceto Balsamico – deinen Ideen sind keine Grenzen gesetzt!

Auch bei Gewürzen kann man natürlich kritisch hinterfragen, ob der Import überhaupt nötig ist. Pfeffer ist zum Beispiel eines der importierten Gewürze, die du häufig in unseren Gerichten finden wirst. Dabei benutzen wir frisch gemahlenen schwarzen Pfeffer, sofern nicht anders angegeben. Wer eine pfeffrige Note durch regional angebaute Zutaten ersetzen möchte, wird im Kräuterbeet fündig. Rucola, Bohnenkraut oder Schafgarbe eignen sich gut als Ersatz.

Salz ist in der Küche essenziell und lässt sich einzig durch gesalzene und weiterverarbeitete Produkte ersetzen. Kurzum, um Salz kommt man nicht herum. Doch muss es wirklich Himalajasalz sein, oder taugt auch eine lokale Alternative? Da in Meersalz immer öfter Spuren von Mikroplas-

tik nachgewiesen werden, raten wir dazu, statt diesem Steinsalz aus Deutschland zu nutzen.

Wir finden die Nutzung von Gewürzen aus Übersee grundsätzlich in Ordnung, da wir Gewürze nur in sehr geringen Mengen einsetzen. Wenn du also gelegentlich eine Prise Pfeffer oder einen Teelöffel Zimt verwendest, verursacht diese kleine Menge relativ geringe CO_2-Emissionen. Natürlich kann der Anbau der Gewürze, wie jedes andere Nahrungsmittel auch, vor Ort negative Auswirkungen auf Mensch und Umwelt haben. Hier kannst du durch den Kauf von Bio- und Fair-Trade-Gewürzen sicherstellen, dass Mindeststandards eingehalten werden. Insgesamt variieren wir den Geschmack unserer Gerichte lieber mit kleinen Mengen unterschiedlicher Gewürze als mit einer Vielzahl weit gereister Grundzutaten.

Im Gegensatz zu Gewürzen kommen Zitronen und Olivenöl in unseren Rezepten gelegentlich in etwas größeren Mengen zum Einsatz, doch können sie in der Regel statt aus Übersee aus Südeuropa bezogen werden. Regional ist das zwar nicht, aber der Transportweg ist im Vergleich zu einem Flug um die halbe Welt zumindest noch überschaubar. Um negative Auswirkungen auf Mensch und Umwelt zu minimieren, achten wir aber auch bei diesen Zutaten möglichst auf biologischen Anbau. Olivenöl ist im Handel zudem in verschiedenen Güteklassen erhältlich. Wir empfehlen kalt gepresstes Olivenöl, da es weitgehend naturbelassen ist. Dieses Öl ist mit dem Zusatz »extra vergine« oder »nativ extra« gekennzeichnet. Außerdem ist Olivenöl eine gute Quelle für ungesättigte Fettsäuren und sehr gesund. Sein Konsum wirkt sich beispielsweise nachweislich positiv auf die Herzgesundheit und Diabetes aus.[64] Wenn in unseren Rezepten Zitronenschale Bestandteil des Gerichtes ist, greife unbedingt auf unbehandelte Früchte zurück – das haben wir auch in der Zutatenliste entsprechend angegeben.

Unser Kompromiss lautet also: Gelegentlich in geringen Mengen genutzt, um lokale Produkte zum Glänzen zu bringen, sind importierte Zutaten in unserer Küche willkommen. Ein täglicher Bestandteil der Ernährung sollten sie aber besser nicht werden. Wie so oft kommt es auch hier auf das gesunde Maß an.

Mairübchencarpaccio mit Pflaumen

Mairübchen schmecken frisch und knackig. Das Herbe des Rettichgewächses harmoniert gut mit etwas Süßem. Deshalb verwenden wir die letzten eingeweckten Pflaumen aus dem Vorratsschrank oder, falls das Jahr bereits fortgeschritten ist, frische und reife Pflaumen. Mohnsamen sorgen für einen Hingucker auf dem Teller und Crunch im Mund. Zu Beginn der Saison kann das Grün der Mairübchen, wenn es jung und saftig ist, wie Salat behandelt und zum Carpaccio gegeben werden.

ZUTATEN

- 1 Bund Mairübchen
  (ca. 4 Stück)
- 2 Frühlingszwiebeln
- 8 Pflaumen
  (im Sommer frisch,
  im Frühjahr aus dem Glas)
- Fruchtessig,
  z. B. Himbeeressig
- Olivenöl
- Salz
- Pfeffer
- 1 EL Mohnsamen

Zubereitung (10 bis 20 Minuten)

Mairübchen waschen, schälen und in feine Scheiben schneiden oder hobeln. Für ein paar Minuten in Eiswasser eingelegt, bleiben sie besonders knackig. Die Frühlingszwiebeln waschen, dann den weißen und hellgrünen Teil in feine Streifen schneiden. Frische Pflaumen waschen, entsteinen und vierteln. Pflaumen aus dem Glas abtropfen lassen und klein schneiden.

Mairübchenscheiben auf einem großen Servierteller überlappend übereinanderlegen. In einer kleinen Schüssel das Dressing aus 2 Teilen Öl, Salz, Pfeffer und einem Teil Essig anrühren und über die Rübchen geben. Mit Pflaumen, Frühlingszwiebeln und Mohnsamen garnieren und sofort servieren.

Frittata mit grünem Spargel und Brennnesseln

Eine heiße, goldbraun gebackene Frittata macht Eindruck, die Zubereitung in der Pfanne kann aber abschrecken. Doch es spricht nichts dagegen, den Backofen zu Hilfe zu nehmen – und schon gibt es nach dem Schnippeln praktisch nichts weiter zu tun, als den Tisch zu decken und den leckeren Duft zu genießen.

ZUTATEN

〉 8 Eier
〉 300 g grüner Spargel
〉 1 Handvoll grüne Erbsen (frisch oder tiefgefroren)
〉 100 g Brennnesseln (alternativ Spinat)
〉 2 Frühlingszwiebeln
〉 6 Knoblauchzehen
〉 1 EL neutrales Pflanzenöl
〉 Salz
〉 Pfeffer
〉 1 Prise getrockneter Thymian oder Oregano

Zubereitung (20 bis 45 Minuten)

Ofen auf 200 °C Ober-/Unterhitze (180 °C Umluft, Gasherd Stufe 4) vorheizen.

Die holzigen Enden des grünen Spargels entfernen. Am einfachsten geht das, indem man die Enden abbricht. Dafür vom unteren Ende der Spargelstange ausgehend testen, an welcher Stelle der Spargel »bricht« und nicht mehr flexibel ist. Anschließend den Spargel in 2 cm lange Stücke schneiden.

Die Brennnesseln und die Frühlingszwiebeln fein hacken und zum Spargel geben. Die Eier in einer großen Schüssel verquirlen. Mit zerdrücktem Knoblauch, Thymian, Salz und Pfeffer abschmecken.

Das Pflanzenöl in einer ofenfesten Pfanne erhitzen. Die Gemüsemischung in die Pfanne geben und einige Minuten im Ofen anrösten. Anschließend die Eiermischung zum Gemüse in die heiße Pfanne geben, einen ofenfesten Deckel aufsetzen und im Ofen garen. Nach 7–10 Minuten den ersten Gartest machen. Dafür die Pfanne aus dem Ofen nehmen und etwas schütteln. Die Frittata sollte in der Mitte noch ein wenig wackeln.

Die Pfanne aus dem Ofen nehmen und vor dem Anschneiden noch einige Minuten ruhen lassen. Dann die Frittata auf ein Schneidebrett oder einen Teller gleiten lassen, anschneiden und servieren.

TIPP ⟩⟩

Die Frittata kann auch gut in einer Muffinform zubereitet werden. Dafür das Gemüse in der Pfanne anbraten, in die mit Backpapier ausgekleideten oder gefetteten Muffinförmchen geben, mit der Eiermischung übergießen und im Ofen garen. Die Minifrittatas eignen sich super für Picknicks oder als gesunder Snack für die Mittagspause.

BRENNNESSELN SELBST ERNTEN

Wenn du Brennnesseln essen möchtest, solltest du im Frühjahr die jungen Blätter oder im Sommer die oberen Blatttriebe ernten. Achte wie bei anderen Wildkräutern darauf, die Blätter fern von Straßen zu sammeln, um an unbelastetes Blattgemüse zu kommen. Brennnesselblätter kannst du wie Spinat zubereiten, aber auch Salate damit verfeinern und Smoothies oder eine Tomatensuppe aufpeppen, siehe dazu auch unser Rezept auf Seite 98.

Buchweizengnocchi mit Bärlauchpesto und Wildkräutersalat

Handgemachte Pasta – das ist eine der großen Freuden der handwerklichen Küche und noch dazu so einfach (versprochen!). Der Klassiker Gnocchi mit Pesto ist für dieses Buch etwas abgewandelt worden: Fluffige Kartoffelgnocchi bekommen durch etwas Buchweizenmehl mehr Biss und einen leicht nussigen Geschmack. Statt Basilikum kommt Bärlauch ins Pesto, und somit hält endgültig der Frühling Einzug in die Küche.

ZUTATEN

Gnocchi
> 750 g Kartoffeln, mehlig kochend
> 3 EL neutrales Pflanzenöl
> 1 EL Salz
> 45 g Hartweizengrieß
> 80 g Buchweizenmehl
> 1 Ei

Pesto
> 1 Handvoll Bärlauch
> 1 EL Sonnenblumenkerne
> ein kleines Stück Parmesan, ca. 3 x 3 cm
> 200 ml neutrales Pflanzenöl, z. B. Sonnenblumenöl
> Salz

Zubereitung (45 bis 90 Minuten)

Für das Pesto den Bärlauch waschen und trocken tupfen, in grobe Stücke reißen oder schneiden. Die Sonnenblumenkerne in einer heißen Pfanne goldgelb anrösten und kurz abkühlen lassen. Den Parmesan in kleine Stücke schneiden.

Zunächst den Parmesan und die Kerne in eine Küchenmaschine geben und durch kurze Impulse fein zerkleinern. Zwischenzeitlich pausieren, damit die Masse nicht zu warm wird und keine Paste entsteht.

Dann Bärlauch, etwas Olivenöl und eine Prise Salz dazugeben und ebenso fein zerkleinern. Mit Öl zur Konsistenz einer Sauce verrühren und mit Salz abschmecken.

Für den Salat die Wildkräuter waschen, trocken schleudern und in eine Salatschüssel geben. Für das Dressing 2 Teile Öl, einen Teil Apfelessig, Salz und Pfeffer mischen, abschmecken und beiseitestellen.

Für die Gnocchi die Kartoffeln mit Schale gar kochen, pellen und noch warm durch eine Kartoffelpresse geben. Die restlichen Zutaten hinzufügen und alles schnell zu einem glatten Teig vermischen. Der darf ruhig noch etwas klebrig sein. Nicht zu lange kneten, sonst werden die Gnocchi später zäh.

Die Gnocchimasse auf eine leicht bemehlte Arbeitsplatte geben und in vier Teile schneiden. Jeden Teil rasch zu einem ca. 1 cm dicken Band rollen und jeweils in 1 cm große Stücke schneiden.

In einem Topf Salzwasser aufkochen lassen, dann die Hitze reduzieren, sodass das Wasser nur leicht kocht. Die Gnocchi für 1 Minute

Salat

〉 2 Handvoll Wildkräuter
deiner Wahl, z.B. Sauer-
ampfer, Löwenzahn,
Schafgarbe, Vogelmiere,
Gundermann, Sauerklee
〉 Apfelessig
〉 neutrales Pflanzenöl
〉 Salz
〉 Pfeffer

kochen (nicht länger!), mit einem Schaumlöffel herausnehmen, abtropfen lassen und noch heiß mit Pesto mischen.

Zusammen mit dem mit Dressing angemachten Wildkräutersalat
servieren.

TIPPS 〉〉〉

〉〉 Bärlauch und andere Wildkräuter können natürlich selbst gesammelt werden.
Worauf du achten solltest, um Bärlauch nicht mit den giftigen Maiglöckchen zu
verwechseln, liest du auf S. 51. Im Frühjahr findet sich Bärlauch mittlerweile häufig
auf Wochenmärkten oder in Bio-Läden. Dort werden auch Wildkräutermischungen
für Salate angeboten.

〉〉 Das Rezept kann problemlos in eine glutenfreie Variante umgewandelt werden,
dazu einfach den Hartweizengrieß durch Polenta (Maisgrieß) ersetzen.

〉〉 Das Ei im Kartoffelteig kann in einer veganen Version weggelassen werden.
Beim Kochen ist dann aber echtes Fingerspitzengefühl gefragt: Die Gnocchi dürfen sehr heißes, aber gerade eben nicht kochendes Wasser nur kurz küssen und
müssen dann schnell wieder herausgehoben werden, sonst zerfallen die Teiglinge.
Ganz sicher gelingt diese Variante mit Ei.

Knuspriger Karotten-Kohlrabi-Strudel mit Möhrengrünpesto

Strudel sind köstlich, knusprig und unheimlich vielseitig. So können sich – eingerollt in einen sehr schnell zubereiteten Teig – zimtige Äpfel oder Pflaumen, mit Kümmel angemachte Kartoffeln und Kohl oder aber zitroniger Quark verbergen. Wir haben einen frühlingshaften Gemüsestrudel kreiert, bei dem sogar das Möhrengrün zum Einsatz kommt. Im Sommer kannst du den Kohlrabi eins zu eins durch Fenchel ersetzen, schmeckt prima! Das Rezept für den Strudelteig stammt aus Luisa Weiss' »Classic German Baking« und könnte einfacher kaum sein. Neben Mehl, Salz, Öl und Wasser braucht es lediglich 10 Minuten Zeit, um den Teig ordentlich durchzukneten.[98]

ZUTATEN

Strudel

〉 150 g Mehl, plus etwas mehr zum Bestäuben
〉 Salz
〉 3 EL neutrales Pflanzenöl
〉 80 ml kaltes Wasser, ggf. etwas mehr
〉 2–3 Frühlingszwiebeln
〉 3–4 mittelgroße Möhren, ca. 400 g
〉 1 mittelgroßer oder 2 kleine Kohlrabi, ca. 500 g
〉 Weißweinessig
〉 ca. 50 g Butter
〉 Salz
〉 Pfeffer
〉 1 EL Kümmel

Zubereitung (45–90 Minuten)

Für den Strudel Mehl und Salz in einer kleinen Schüssel vermengen, Öl hinzufügen sowie nach und nach das Wasser. Zunächst mit einem Löffel verrühren. Sobald sich ein Teig formt, alles auf eine leicht bemehlte Arbeitsplatte geben.

Den Teig 10 Minuten lang mit den Händen verkneten. Es ist wichtig, den Teig so lange zu kneten, damit er sich später hauchdünn ziehen lässt, ggf. einen Wecker stellen. Nach der Zeit sollte er schön geschmeidig sein. Den Teig nun für 30 Minuten zugedeckt ruhen lassen. In der Ruhephase des Teiges das Gemüse vorbereiten: Möhren waschen, Kohlrabi waschen und schälen. Beides in einer Küchenmaschine zu feinen Streifen zerkleinern oder mit dem Messer sehr klein schneiden. Von den Zwiebeln den weißen und hellgrünen Teil in feine Streifen schneiden.

Etwas Öl in einer Pfanne erhitzen, die Zwiebeln darin bei mittlerer Hitze für 5 Minuten glasig dünsten. Möhren und Kohlrabi dazugeben und ebenfalls für 5 Minuten unter gelegentlichem Rühren anbraten, anschließend mit Salz, Pfeffer, Kümmel und einem Schuss Weißweinessig kräftig abschmecken.

Den Ofen auf 200 °C Ober-/Unterhitze (180 °C Umluft, Gasherd Stufe 4) vorheizen. Auf einem Tisch oder auf der Arbeitsplatte ein großes

Pesto

 ⟩ 100 g Sonnenblumenkerne
 ⟩ 100 g frisches Möhrengrün
 ⟩ 2 Knoblauchzehen
 ⟩ Hanföl
 ⟩ 1 Zitrone
 ⟩ Salz
 ⟩ Pfeffer

Küchenhandtuch von mind. 60 × 80 cm oder ein Mulltuch ausbreiten und leicht mit Mehl bestäuben. Den Strudelteig in die Mitte des Tuchs legen und mit einem Nudelholz mehrfach in alle Richtungen ausrollen.

Dann wird der Teig mit den Händen dünn gezogen, ähnlich wie Pizzateig. Dieser Arbeitsschritt erfordert Fingerspitzengefühl, aber auch beherztes Zufassen: Die Hände zu Fäusten ballen und den Teig damit aufnehmen – er liegt also auf den Fäusten auf. Den Teig mit den Fäusten gleichmäßig in alle Richtungen ziehen. Dabei hilft es, ihn zu drehen beziehungsweise über den Fäusten rotieren zu lassen. Damit auch der Rand schön dünn wird, kann der Teig vorsichtig mit den Fingern gezogen werden. Sollte der Teig reißen, die Stelle einfach

» Den Strudel am besten ofenfrisch genießen. Er hält sich jedoch noch ca. 2 weitere Tage und kann im Ofen bei 165 °C wieder aufgebacken werden. Das Pesto hält sich, mit Öl bedeckt, im Kühlschrank für ca. 1 Woche.

» Für ein veganes Gericht die Butter einfach durch Margarine ersetzen.

mit den Fingern fest zusammenpressen und weitermachen. Den Teig gleichmäßig auf eine Größe von 40 × 60 cm bringen und zurück auf das Tuch legen.

Die Butter in einem kleinen Topf schmelzen. Den Teig mit etwas Butter bepinseln.

Die Gemüsemischung auf dem unteren Viertel des Teiges verteilen, dabei einen schmalen Rand an jeder Seite lassen. Dann die beiden Seitenränder vorsichtig über die Füllung legen. Anschließend den unteren Seitenrand des Teigs über die Füllung ziehen und den Teig vorsichtig aufrollen. Dabei kann ein Küchentuch hilfreich sein. Der Strudel sollte fest eingerollt sein, aber nicht reißen. Den Strudel mithilfe des Küchentuchs auf ein mit Backpapier belegtes Backblech umlegen. Die »Naht« des Teiges sollte dabei unten liegen.

Den Strudel großzügig mit geschmolzener Butter bestreichen und zunächst 15 Minuten im Ofen backen. Danach wieder mit Butter bestreichen und weitere 15 Minuten backen. Ein letztes Mal mit Butter bestreichen und noch einmal 10 Minuten lang backen, bis der Teig schön knusprig und goldbraun ist.

Während der Strudel bäckt, das Pesto zubereiten. Dazu die Sonnenblumenkerne in eine Pfanne geben und langsam anrösten, bis sie eine leicht gebräunte Farbe erhalten haben.

Währenddessen die Zitrone pressen und das Möhrengrün waschen, trocken schütteln und grob hacken.

Möhrengrün, Sonnenblumenkerne und je einen guten Schuss Öl und Zitronensaft gemeinsam in einen Mixer geben und pürieren, zwischendurch probieren. Wem das Hanföl zu intensiv schmeckt, gibt einfach ein anderes Pflanzenöl dazu. Sollte das Pesto noch zu fest sein, mehr Öl hinzugeben. Mit Salz, Pfeffer und Zitronensaft nochmals abschmecken.

Den Strudel aus dem Ofen holen und für 5–10 Minuten abkühlen lassen. Anschließend in Scheiben schneiden und pur oder mit einem leichten Salat servieren, dazu das Pesto reichen.

Rhabarber-Nuss-Crumble

Mit möglichst wenig Süße eingekocht, ist Rhabarber am gesündesten – aber manchmal müssen einfach Streusel drauf. Wer keine Zeit für Rhabarberkuchen hat, kann mit diesem Crumble eine kleine Abkürzung nehmen. Flocken, Kerne oder Nüsse werten die Streusel durch Ballaststoffe und Mineralien auf.

ZUTATEN

〉 600 g Rhabarber
〉 2 EL Zucker
〉 200 g Mehl
〉 125 g Butter
〉 100 g Zucker
〉 ca. 100 g Flocken, Kerne oder Nüsse deiner Wahl, z. B. Haferflocken, Kürbiskerne, Sonnenblumenkerne, Haselnüsse

TIPPS 〉〉〉〉〉〉〉〉〉〉〉〉

〉〉 Vegan wird dieses Gericht, indem Butter durch Margarine ersetzt wird.

〉〉 Der Crumble schmeckt mit etwas (veganem) Joghurt sehr gut zum Frühstück am nächsten Morgen.

Zubereitung (10–20 Minuten)

Rhabarberstangen waschen und in 2–3 cm große Stücke schneiden. Anschließend 2 EL Zucker darübergeben und für etwa eine halbe Stunde ziehen lassen.

Mehl, Butter, Zucker und Crunch deiner Wahl vermengen und mit den Händen zu groben Streuseln verarbeiten. Für ca. 30 Minuten kalt stellen.

Den Ofen auf 180 °C Ober-/Unterhitze (160 °C Umluft, Gasherd Stufe 3) vorheizen. Anschließend den Rhabarber in eine ofenfeste Form geben, die Streusel darüber verteilen und für etwa 30 Minuten im Ofen goldbraun backen. Herausnehmen und noch warm servieren. Dazu schmecken Joghurt, Vanilleeis oder vegane Alternativen.

Dinkel-Leinsamen-Knäcke mit Bärlauch-Radieschen-Quark

Kein Brot im Haus, und Freunde stehen spontan vor der Tür? Keine Panik, denn mit diesem Rezept steht in null Komma nichts ein leckerer und gesunder Snack auf dem Tisch. Das Knäcke kommt ohne Ei aus, Bindung geben die gequollenen Leinsamen. Dinkelmehl bringt zudem Abwechslung für Magen und Gaumen, und der Quark schmeckt nach Frühling.

ZUTATEN

Knäcke

⟩ 40 g Leinsamen
⟩ 100 ml Wasser
⟩ 170 g Dinkelmehl, Type 630, plus etwas mehr zum Ausrollen
⟩ 1 TL Backpulver
⟩ ½ TL feines Salz
⟩ 1 EL neutrales Pflanzenöl
⟩ 1 EL grobes Salz
⟩ Kräuter oder Gewürze deiner Wahl zum Bestreuen, z.B. Rosmarin, Thymian, Sesam, Kümmel

Quark

⟩ 1 Handvoll Bärlauch
⟩ 5 Radieschen mit Grün
⟩ 250 g Quark
⟩ 100 g Joghurt
⟩ 2 TL Leinöl
⟩ 1 TL Senf
⟩ Salz
⟩ Pfeffer

Zubereitung (10–20 Minuten)

Den Backofen auf 180 °C Ober-/Unterhitze (160 °C Umluft, Gasherd Stufe 3) vorheizen lassen. Leinsamen und Wasser in eine Schüssel geben und etwa 15 Minuten quellen lassen. Mehl, Backpulver und Salz zugeben und mit den Händen zu einem glatten Teig verkneten. Etwas Mehl auf ein Backpapier geben und den Teig dünn darauf ausrollen.

Nun nach Belieben mit Kräutern, Gewürzen oder einfach mit Salz belegen, mit Öl bepinseln und in Rechtecke schneiden. Das Back-papier vorsichtig auf ein Backblech legen. Im Ofen für 20–25 Minuten knusprig ausbacken.

Während der Backzeit den Dip anrühren. Dafür Quark und Jo-ghurt in eine Schüssel geben und mit Leinöl und Senf verrühren. Den Bärlauch und das Radieschengrün fein hacken, die Radieschen mit der Küchenreibe hobeln und alles unter die Quarkmasse geben. Den Quark mit Salz, Pfeffer und Zitronensaft abschmecken.

Prüfen, ob der Teig durchgebacken ist. Sollte der Teig nicht fest genug sein, noch ein paar Minuten länger im Ofen lassen. Dabei dar-auf achten, dass er nicht zu viel Farbe annimmt. Herausnehmen und auskühlen lassen, dann mit dem Quark servieren. Das Knäcke bleibt, luftdicht verpackt, für circa eine Woche frisch.

TIPPS ⟩⟩⟩

⟩⟩ Statt größerer Knäckebrote kann der Teig auch in kleine Rechtecke geschnitten oder mit einem kleinen Glas rund ausgestochen und als Cracker serviert werden.

⟩⟩ Quark und Joghurt können durch vegane Produkte ersetzt werden. Alternativ passen dazu auch Salsa Verde oder Möhrengrünpesto.

⟩⟩ Der Quark lässt sich bis in den November hinein saisonal zubereiten, wenn du den Bärlauch durch andere Kräuter deiner Wahl ersetzt.

Spargelsalat mit jungen Kartoffeln und Minze

Weißer Spargel, junge Kartoffeln und Sauce hollandaise? Nicht in diesem Rezept! Spargel darf auch in unseren Rezepten nicht fehlen, doch wir stellen eine leckere vegane Variante des Klassikers vor und peppen das Ganze mit etwas frischer Minze auf. Der Salat eignet sich hervorragend sowohl als Hauptspeise als auch als leckere Beilage.

ZUTATEN

› 500 g weißer Spargel
› 1 kg kleine junge Kartoffeln
› 1 Bund Radieschen
› etwas Petersilie
› etwas Minze
› Olivenöl
› 1 unbehandelte Zitrone
› 1 Knoblauchzehe
› 1 TL Senf
› Salz
› Pfeffer

Zubereitung (20-45 Minuten)

Kartoffeln gründlich waschen und mit Schale 15–20 Minuten in gesalzenem Wasser bissfest garen.

Den Spargel mit einem Sparschäler schälen und die holzigen Enden entfernen. Am einfachsten geht das, indem man die Enden abbricht. Dafür vom unteren Ende der Spargelstange ausgehend testen, an welcher Stelle der Spargel »bricht« und nicht mehr flexibel ist. Anschließend den Spargel in ca. 1–2 cm dicke Stücke schneiden und in kochendem Salzwasser 1–2 Minuten blanchieren, bis er gar, aber noch knackig ist. Den blanchierten Spargel abkühlen lassen und in eine Schüssel geben.

Die gegarten Kartoffeln ebenfalls abkühlen lassen, je nach Größe in mundgerechte Stücke schneiden und zum Spargel in die Schüssel geben.

Für das Dressing die Zitronenschale mit einem Zestenreißer oder einer feinen Reibe abreiben. Die Zitrone anschließend auspressen und 1 Teil des Saftes mit 2 Teilen Olivenöl, Senf, Zitronenschale und einer zerdrückten Knoblauchzehe in einer kleinen Schüssel gut verrühren. Mit Salz und Pfeffer abschmecken.

Die Radieschen in dünne Scheiben schneiden und mit je 2 EL der gehackten Kräuter zum Spargel geben. Das Dressing hinzugeben und alles gut vermengen.

TIPPS 》》

》 Statt Radieschen – oder auch zusätzlich – eignet sich fein gestifteter Stangensellerie. Er gibt dem Gericht Textur und ein fein herbes Aroma.

》 Der Salat lässt sich wunderbar im Voraus zubereiten (Radieschen und Kräuter in dem Fall erst kurz vor dem Servieren dazugeben) und schmeckt, gut durchgezogen, am nächsten Tag fast noch besser.

》 Spargel kommt immer früher in den Verkauf, da die Felder häufig mit Plastikfolie abgedeckt oder sogar beheizt werden, um die Verkaufsperiode zu verlängern. Von unnötigen Treibhausgas-Emissionen für die Beheizung abgesehen, ist auch die Plastikfolie ein ökologisches Problem: Der Boden kann nicht mehr atmen, bietet Insekten und Tieren keine Lebensgrundlage mehr. Daher: Frag' einfach nach, wie der Spargel angebaut wurde und sieh' von vorzeitigem Kauf ab.

Spargelschalen sind
noch verwendbar

Nicht alle Schalen sind Abfall

Wusstest du, dass Kartoffeln problemlos mit Schale gegessen werden können? Das spart Zeit, Arbeit, und du sicherst dir damit den Zugang zu wertvollen Nährstoffen, die direkt unter der Schale sitzen. Sogenannte Frühkartoffeln oder neue Kartoffeln, die im Sommer geerntet werden, einfach gründlich waschen und bei Bedarf mit einer Gemüsebürste von Erde befreien. Die Schale von Lagerkartoffeln, die im Winter und Frühjahr zu kaufen sind, eignet sich weniger zum Verzehren, da sie fester ist. Deshalb müssen die Kartoffelschalen aber nicht weggeworfen werden. Mit etwas Öl und Salz können sie im Ofen zu leckeren Kartoffelchips ausgebacken werden. Wichtig ist dabei, die Kartoffeln vor dem Schälen gründlich zu säubern.

Auch Spargelschalen auf keinen Fall wegwerfen, sondern daraus eine leckere Spargelcremesuppe zaubern. Dafür die Schalen in einen ausreichend großen Topf geben, großzügig mit Wasser bedecken und mit ein wenig Salz und Zucker für mindestens 30 Minuten, besser 1 Stunde auskochen lassen. Die Schalen abschöpfen und den Sud bis zur gewünschten Intensität einkochen lassen. Anschließend abschmecken und je nach Geschmack mit etwas Sahne verfeinern. Oft bekommt man die Schalen und Endstücke beim Bauern oder auf dem Markt sogar geschenkt – Fragen kostet nichts, und das Ergebnis ist grandios lecker!

Tomaten-Pfirsich-Salat

Die Kombination aus Tomaten und Pfirsichen erscheint auf den ersten Blick ungewöhnlich, ist aber zu unserem Lieblingssommersalat geworden. Die Süße der Pfirsiche unterstreicht das tomatige Aroma optimal, der salzig pikante Pecorino rundet das Ganze gut ab. Tomaten enthalten viele Lycopine, Pfirsiche dagegen Calcium und Vitamin C – der Salat ist also ein wahrer Antioxidantienbooster.

ZUTATEN

> 2 Handvoll reife Tomaten (am besten eine besonders aromatische Sorte auswählen)
> 4 reife Pfirsiche
> 1 Bund Basilikum (besonders gut schmeckt der Salat mit Thai-Basilikum)
> Pecorino nach Wunsch
> Olivenöl
> Himbeeressig
> Salz
> Pfeffer

TIPP 〉〉〉〉〉〉〉〉〉〉〉〉〉

〉〉 Tomaten vom Bauernmarkt werden meist sonnenreif geerntet und gelangen ohne Umwege auf den Markt, daher sind sie besonders aromatisch.

Zubereitung (10–20 Minuten)

Die Tomaten waschen, in Würfel schneiden, salzen und etwas stehen lassen.

Die Pfirsiche waschen, entsteinen, ebenfalls würfeln und zu den Tomaten geben.

Die Basilikumblätter grob zupfen, den Pecorino zerbröseln. Beides unter den Salat mischen, mit 2 Teilen Olivenöl, 1 Teil Himbeeressig, Pfeffer und ggf. Salz abschmecken und sofort servieren.

Brotsalat mit gegrillter Paprika, Fenchel und Mangold

Altes Brot gehört nicht in die Tonne, sondern in den Backofen. Für leckere Croûtons eignet es sich besonders gut, da es trocken ist und somit mehr Öl aufnehmen kann. Brotreste können dafür in Stücke gerissen und eingefroren werden, bis die Menge ausreicht, um ein Gericht daraus zu kreieren.

Der klassische italienische Tomaten-Brot-Salat »Panzanella« ist Ideengeber für dieses Rezept. Wir feiern den Sommer mit gegrillter Paprika, aromatischem Fenchel und erdigem Mangold für die Balance.

ZUTATEN

- ⟩ 5 bunt gemischte Paprika
- ⟩ 2 große Fenchelknollen
- ⟩ 1 mittelgroßer Mangold
- ⟩ ½ Laib altes Brot
- ⟩ Olivenöl
- ⟩ Weißweinessig
- ⟩ Salz
- ⟩ Pfeffer
- ⟩ Kräuter nach Belieben, z. B. Basilikum

Zubereitung (45–90 Minuten)

Den Backofen auf 200 °C Ober-/Unterhitze (180 °C Umluft, Gasherd Stufe 4) vorheizen.

Die Paprika waschen, halbieren und entkernen. Den Fenchel waschen. Das Fenchelgrün abzupfen und beiseitelegen. Fenchel in grobe Stifte schneiden. Mangold waschen, die Blätter von den Stielen schneiden. Blätter beiseitelegen, die Stiele in grobe Stücke schneiden. Fenchel und Mangoldstiele auf ein leicht eingeöltes Backblech geben, mit einem Schuss Olivenöl mischen, salzen und pfeffern.

Die Paprikahälften auf ein weiteres mit Backpapier belegtes Backblech geben und im Ofen auf oberster Schiene für etwa 15 Minuten rösten, bis die Haut Blasen wirft und sich schwarz verfärbt. Dazu ggf. gegen Ende der Backzeit die Grillfunktion anschalten.

Fenchel und Mangold gleichzeitig auf der mittleren Schiene 8 Minuten rösten, herausnehmen und in eine Schüssel geben. Sobald die Paprika schwarze Flecken hat, aus dem Ofen nehmen, mit einem Küchentuch bedecken und 15 Minuten stehen lassen. So gart die Paprika weiter, und die Haut lässt sich besser entfernen.

Das Brot in Stücke reißen, in einer Schüssel mit reichlich Olivenöl mischen und salzen. Die Croûtons auf ein leicht eingeöltes Backblech geben und gleichmäßig verteilen. Im Ofen ca. 20 Minuten goldbraun

TIPP 〉〉〉〉〉〉〉〉〉〉〉〉〉〉

〉 Der Salat schmeckt am besten, wenn er vor dem Essen etwas Zeit hatte, um gut durchzuziehen. So sind einige Croûtons noch knackig, andere haben das leckere Dressing aufgesogen. Dazu passen auch Parmesan oder Büffelmozzarella.

rösten und mehrmals wenden, damit sie gleichmäßig Farbe annehmen und nicht anbrennen. Aus dem Ofen nehmen und zum Fenchel geben.

Die Paprika mit den Fingern häuten, in kleine Stücke schneiden und in die Salatschüssel geben. Salat mit Salz, Pfeffer und Weißweinessig abschmecken, bei Bedarf noch etwas Öl zugießen. 15 Minuten marinieren lassen.

Die Mangoldblätter entweder roh in den Salat zupfen oder kurz in kochendem Salzwasser blanchieren, abtropfen lassen und zum Salat geben. Vor dem Servieren mit dem Fenchelgrün bestreuen. Nach Geschmack weitere gewaschene und klein gehackte Kräuter unterheben.

Kalte Tomatensuppe mit Brennnesselblättern oder frischem Meerrettich

VEGAN

Diese kalte Suppe ist das perfekte Essen bei sommerlichen Temperaturen: Sie sättigt und erfrischt zugleich. Da sie nicht gekocht werden muss, bleibt auch der Ofen kalt. Auch hier kommt altes Brot zum Einsatz – denn das ist zum Wegwerfen viel zu schade!

ZUTATEN

〉 1 kg frische, reife Tomaten
〉 200 g altes Brot
〉 1 Knoblauchzehe
〉 Olivenöl
〉 Salz
〉 frische Kräuter nach Belieben
〉 evtl. ein Stück frischer Meerrettich
〉 evtl. eine Handvoll junge Brennnesseln

TIPP 〉〉〉〉〉〉〉〉〉〉〉〉〉

〉〉 Zusätzlich je nach Jahreszeit: Im Sommer Brennnesselblätter grob hacken und über die Suppe geben. Tipps zum Sammeln von Brennnesseln findest du in der Infobox auf Seite 83. Im Herbst hat Meerrettich ab September Saison. Den Meerrettich als Topping fein über die Suppe reiben.

Zubereitung (10–20 Minuten)

Tomaten waschen, in grobe Stücke schneiden und in einem Topf pürieren. Das alte Brot in kleinen Stücken hinzugeben. Wenn es hart ist, eine Weile in den pürierten Tomaten einweichen lassen.

Knoblauch hacken und hinzugeben, einen guten Schuss Öl untermischen. Gut pürieren und mit Salz abschmecken.

Die Kräuter waschen, trocken tupfen und fein hacken. Zum Schluss über die fertige Suppe geben. Schon fertig!

Rucola-Brokkoli-Suppe mit Leinsamenschrot

Was als Salat funktioniert, schmeckt auch als leichte Suppe richtig gut. Die Würze des Rucolas nimmt dem Brokkoli den Kohlgeschmack. Mit Staudensellerie, Portulak, Zwiebeln und Leinsamen wandern noch mehr gute Dinge in den Kochtopf. Wer es etwas üppiger mag, gibt ein wenig kräftigen Käse dazu, zum Beispiel einen Blauschimmel.

ZUTATEN

〉 1 Stange Staudensellerie
〉 200 g Brokkoli
〉 100 g Rucola
〉 50 g Portulak
〉 2 Schalotten
〉 3 EL neutrales Pflanzenöl
〉 1 EL Weißweinessig
〉 900 ml Gemüsebrühe
〉 Salz
〉 Pfeffer
〉 eine Handvoll Leinsamen, geschrotet

Zubereitung (20–45 Minuten)

Sellerie, Brokkoli, Rucola und Portulak waschen und klein schneiden. Auch die Schalotten schälen und hacken.

Das Öl in einem Topf erhitzen. Schalotten, Knoblauch, Sellerie sowie den Brokkoli 5 Minuten dünsten und mit einem Schuss Weißweinessig ablöschen. Die Gemüsebrühe aufgießen und 15 Minuten köcheln lassen.

Den geschnittenen Rucola und Portulak hinzugeben und weitere 5 Minuten mitkochen. Anschließend die Suppe mit dem Stabmixer pürieren, zum Abschluss mit Salz und Pfeffer abschmecken und mit geschroteten Leinsamen servieren.

Artischocke ganz einfach

Artischocke verbindest du vielleicht nicht sofort mit regionaler Küche, doch die leckere Pflanze wird mittlerweile auch in Deutschland angebaut. Vor der Zubereitung in der eigenen Küche schreckt so manche*r möglicherweise noch zurück, da sie gelegentlich als mühsam wahrgenommen wird. Doch bei unserem Artischockenrezept verwenden wir große Artischockenblüten und garen sie im Ganzen. Bei dieser Zubereitungsart entfallen das zeitaufwendige Putzen und Zurechtschneiden, sodass die Vorbereitung schnell erledigt ist. Also, ran an die Artischocken!

ZUTATEN

❭ 2 ganze Artischocken
❭ Verjus
❭ Salz

TIPP ❭❭❭❭❭❭❭❭❭❭❭❭❭

❭❭ Ganz prima passt hierzu ein sommerlich-leichter Dip aus Joghurt, Kräutern und einem Spritzer Verjus. Das ist ein saurer Traubensaft, der aus unreifen Trauben gewonnen wird. Er ist etwas milder als herkömmlicher Essig und histaminarm. Das Fruchtaroma der Trauben eignet sich sehr gut dazu, Zitronen zu ersetzen.

Zubereitung (10–20 Minuten)

Die Artischocken zunächst kalt abspülen. Danach den Stiel abbrechen und so die ungenießbaren Fasern aus dem Blütenboden entfernen. Da man hierfür ein wenig gröber vorgehen muss, eignet sich die Kante der Arbeitsplatte gut als Abknickhilfe.

Die spitzen Enden der Blütenblätter mit einer Schere abschneiden. Die so zurechtgeschnittenen Artischocken in kochendes Salzwasser mit einem guten Schuss Verjus geben und je nach Größe 30–45 Minuten kochen lassen. Nach Ende der Kochzeit sollten sich die einzelnen Blätter leicht von der Blüte ablösen lassen.

Essbar ist der untere, fleischige Teil der Blütenblätter. Er wird dafür mit den Zähnen von den harten Blättern abgezogen. Wenn die Blütenblätter dann nach und nach entfernt wurden, kommt der aromatische Blütenboden zum Vorschein, vor dessen Genuss wir nur vorsichtig mit der stumpfen Seite eines Messers das »Heu« entfernen.

Grüne Pasta mit Erbsen und Kräutern

Junge Erbsen haben ein feines, süßes Aroma. Mit etwas Zitrone, Kräutern und Gewürzen aufgepeppt, entsteht ein Dip, der ideal zu gegrilltem Brot oder frisch gekochter Pasta schmeckt. Wir nutzen ihn wie Pesto, reduzieren dabei jedoch die Menge der Pasta, da das Erbsenmus reichhaltig ist. Die grüne Farbe des Gerichts bereitet auch Kindern Freude beim Essen.

ZUTATEN

› 1 rote Zwiebel
› 1 EL neutrales Pflanzenöl, z. B. Leinöl, oder Butter
› 300 g Erbsen
› 500 g Nudeln
› 3 EL Minze
› 1 EL Brunnenkresse
› 1 EL Petersilie
› 1 Zitrone oder etwas Verjus
› Salz
› Pfeffer

TIPPS ››››››››››››

›› Für einen dekadenten, aber leckeren Twist das Öl durch braune Butter ersetzen.

›› Einmal zubereitet, hält sich der Dip im Kühlschrank einige Tage lang.

›› Kräuterreste kannst du problemlos haltbar machen: einfach klein hacken, in Eiswürfelformen geben und mit Brühe und/oder Öl einfrieren. Alternativ auf einem Geschirrtuch ausbreiten und in der Sonne trocknen lassen oder zum Aromatisieren von Öl nutzen.

Zubereitung (10–20 Minuten)

Wasser in einen großen Topf geben und aufkochen, reichlich salzen. Die Zwiebel schälen und mit 1 EL Öl oder Butter anbraten. Die gewaschenen Erbsen dazugeben und unter geschlossenem Deckel mit etwas Wasser kurz dünsten. Die Nudeln in das kochende Salzwasser geben und nach Packungsanweisung garen.

Die Kräuter waschen, trocken tupfen und fein hacken. Die Zitrone pressen.

Die Nudeln abgießen und etwa 50 ml des Nudelwassers auffangen. Die Nudeln zurück in den Topf geben. Etwa drei Viertel der Erbsen, 3 EL Minze sowie je 1 EL Petersilie und Brunnenkresse zusammen mit dem Nudelwasser mit einem Stabmixer pürieren und mit Salz, Pfeffer und etwa 2 EL Zitronensaft oder Verjus – mehr nach Belieben – abschmecken.

Zum Schluss die Soße und die restlichen Erbsen zu den Nudeln geben und alles vermengen. Bei Bedarf nochmals abschmecken.

Buchweizenpfannkuchen mit Spinat und Beeren

Diese Pfannkuchen erinnern an die lokale Küche in der Bretagne, wo herzhafte Galettes ebenfalls auf Buchweizenbasis gebacken werden. Spinat und Beeren bringen nicht nur Farbe, sondern auch Vitamine auf den Teller. Auch bei diesem Rezept gilt: Der Fantasie sind keine Grenzen gesetzt. Vegan oder mit Kuhmilch und Ei? Knusprig dünn ausgebacken oder fluffig mit einer Prise Natron? Kaffee oder Bier als Flüssigkeit im Teig? Alles geht, alles schmeckt!

⚠️ Achtung, Buchweizen muss quellen! Deshalb solltest du den Teig mindestens 30 Minuten, idealerweise 2 Stunden ruhen lassen, bevor du ihn weiterverarbeitest.

ZUTATEN

Pfannkuchen
〉 250 g Buchweizenmehl
〉 2 Eier
〉 500 ml kaltes Wasser
〉 40 g geschmolzene Butter oder 40 ml neutrales Pflanzenöl
〉 Salz
〉 75 g junger Blattspinat
〉 75 g Heidelbeeren oder Obst nach Saison

Herzhaftes Topping
〉 250 g Ziegenfrischkäse
〉 1 Bund frische Kräuter (z. B. Schnittlauch, Petersilie, Estragon, Sauerampfer …)
〉 Olivenöl
〉 Salz
〉 Pfeffer

Zubereitung (45–90 Minuten)

Mehl, Eier und Salz gut verrühren, dabei nach und nach Wasser hinzugeben, sodass ein flüssiger Teig entsteht. Zum Schluss geschmolzene Butter oder Öl zum Teig geben. Den Teig abgedeckt für 2 Stunden quellen lassen.

Spinat und Heidelbeeren waschen. Spinat in kleine Stücke reißen oder hacken und zusammen mit den Heidelbeeren kurz vor dem Braten unter den Teig heben. Bei Bedarf etwas Wasser hinzufügen, der Teig sollte flüssig vom Löffel laufen. Wenn du festeres Obst verwendest, schneide es in kleine Stücke und dünste es in einem Topf mit etwas Wasser für ein paar Minuten weich, bevor du es zum Teig gibst.

Eine mittelgroße beschichtete Pfanne erhitzen. Für den allerersten Pfannkuchen ein wenig Öl in die Pfanne geben, etwa indem die in etwas Öl getränkte Spitze eines Küchentuches durch die Pfanne gezogen wird. Wenn die Pfanne heiß ist (richtig heiß!), dann circa ½ Kelle des Teiges mittig in die Pfanne geben, Pfanne schwenken, sodass der Teig dünn und gleichmäßig zerläuft.

Pfannkuchen für etwa 3 Minuten ausgiebig auf einer Seite anbraten. Wenden, sobald er nicht mehr roh aussieht, angenehm nussig riecht und auf der Unterseite leicht kross ist. Auf der anderen Seite 1 Minute weiterbraten, bis der Teig auch dort knusprig braun ist. Es ist nicht nötig, zusätzlich Öl in die Pfanne zu geben, da der Teig bereits Fett enthält.

Süßes Topping

〉 400 g Schafsmilch-
joghurt

〉 4 EL Honig

〉 1 Handvoll Nüsse
(z.B. Walnüsse,
Haselnüsse)

TIPPS 〉〉〉〉〉〉〉〉〉〉〉〉

〉〉 Wenn Beeren gerade
keine Saison haben, eig-
net sich jedes Obst, das
schnell weich gedünstet
werden kann, z.B. Äpfel
oder Birnen.

〉〉 Da die eigentlichen
Pfannkuchen ungesüßt
sind, können sie sowohl
herzhaft als leichtes Hauptgericht als auch als süßes
Dessert verspeist werden.
Das Topping macht hier
den Unterschied.

〉〉 Das Rezept ergibt ca.
8 große Pfannkuchen –
mit Topping ein leichtes
Essen für 4 Personen, das
durch einen Salat ergänzt
werden kann.

〉〉 Übrigens: Der erste
Pfannkuchen wird nichts
werden, das ist ganz
normal. Also einfach
weitermachen, ab dem
zweiten werden sie immer
besser.

Für das herzhafte Topping die Kräuter waschen, trocken tupfen und fein hacken. Zusammen mit etwas Olivenöl unter den Ziegenfrischkäse geben, nach Belieben mit Salz und Pfeffer abschmecken und auf die fertigen Pfannkuchen streichen. Für die süße Variante Joghurt auf den Pfannkuchen verteilen, Honig darüberträufeln lassen und mit Nüssen belegen. Beides sofort servieren.

Zucchini-Hobel mit Walnusssauce

VEGAN

Zucchini sind unheimlich vielseitig. Sie lassen sich roh essen, schmecken aber auch gebraten, gedünstet, gebacken oder frittiert sehr lecker. Zur Walnusssauce hat uns die iranische Küche inspiriert, in der die aromatischen und reichhaltigen Nüsse in einigen Gerichten die Grundlage für Suppen und Saucen bilden.

ZUTATEN

> 2 mittelgroße Zucchini
> 180 g Walnusskerne
> 1 Knoblauchzehe
> 10 EL Olivenöl
> 1 Zitrone oder etwas Verjus
> Salz

TIPP 〉〉〉〉〉〉〉〉〉〉〉〉〉

» Das Gericht kann mit (Ziegen)Frischkäse ergänzt werden und schmeckt wunderbar auf gegrilltem oder getoastetem Brot oder als alternatives Topping zu unseren Pfannkuchen.

Zubereitung (10–20 Minuten)

Für die Sauce die Walnüsse klein hacken, den Knoblauch schälen und zerkleinern. Zusammen mit dem Olivenöl mit einem Stabmixer pürieren, bis eine feine Masse entstanden ist. Zitrone pressen.

Die Walnussmasse mit Salz, Pfeffer sowie Zitronensaft oder Verjus abschmecken. Bei Bedarf etwas mehr Olivenöl hinzugeben. Die Zucchini mit einem Sparschäler oder Hobel der Länge nach in hauchdünne Streifen hobeln und mit der Walnusssauce servieren.

Smoothie mit Leinsamen, roten Beeren und Sonnenblumenkernen

VEGAN

Smoothies sind mehr als nur ein Hype: vielseitig, mit hohem Obstanteil, lecker und blitzschnell hergestellt. Ob als kalte Erfrischung mit tiefgekühlten Früchten an heißen Sommertagen, als gesunder Snack zwischendurch oder als Vitaminkick im Winter – Smoothies sind wahre Alleskönner. Sie lassen sich vegan zubereiten, schmecken aber auch mit Kuhmilch oder Schafsjoghurt wunderbar cremig. Sie können mit Kernen, Samen oder Nussbutter angereichert, mit Kräutern wie Basilikum oder Gewürzen wie Ingwer, Zimt oder Vanille verfeinert werden. Wir haben hier das Rezept für unseren Lieblingssmoothie aufgeschrieben.

ZUTATEN

⟩ 3 Äpfel
⟩ 300 g rote Beeren, frisch oder tiefgekühlt
⟩ 50 ml Pflanzendrink, plus mehr nach Bedarf
⟩ 20 g Leinsamen
⟩ 20 g Sonnenblumenkerne

Zubereitung (10–20 Minuten)

Leinsamen etwa 15 Minuten (oder am besten über Nacht) in Pflanzendrink oder Wasser einweichen lassen.

Äpfel klein schneiden, zusammen mit den Sonnenblumenkernen, den Beeren, den Leinsamen und dem Pflanzendrink in den Mixer geben und pürieren. Wenn nötig, mehr Pflanzendrink zum Verdünnen hinzufügen.

Beeren-Haferflocken-Pie

Dieser Kuchen hätte durchaus auch den Namen »Rote-Grütze-Pie« verdient. Denn in diesem Rezept werden Beeren zu einer sämigen Füllung verkocht und in eine knackige Streuselhülle eingebacken. Der Kuchen spielt mit Kontrasten: süß und sauer, sämig und kernig. Damit wird er schnell zum Highlight der sommerlichen Kuchentafel.

ZUTATEN

⟩ 600 g gemischte Beeren (z. B. Himbeeren, Heidelbeeren, Johannisbeeren, Brombeeren, Stachelbeeren)
⟩ 75–250 g Zucker (je nach Beerenmischung, siehe Tipps)
⟩ 2 EL Speisestärke
⟩ 250 g weiche Butter
⟩ 325 g Mehl
⟩ 150 g Zucker
⟩ 150 g grobe Haferflocken
⟩ 1 Prise Salz
⟩ Fett für die Form
⟩ 50 g Haselnusskerne

Zubereitung (45–90 Minuten)

Den Backofen auf 200 °C Ober-/Unterhitze (180 °C Umluft, Gasherd Stufe 4) vorheizen. Eine Kuchenform von 26 cm Durchmesser fetten. Am besten eignet sich eine Tarteform mit losem Boden oder eine runde Springform.

Beeren verlesen, wenn nötig entstielen und waschen. 100 g der Früchte beiseite stellen. Die restlichen 500 g Beeren mit Zucker in einen Topf geben, unter Rühren aufkochen und 1 Minute köcheln lassen. Währenddessen in einer Tasse die Speisestärke mit etwas Wasser glatt rühren. Beerenmischung abschmecken und bei Bedarf nachzuckern. Speisestärke unter die köchelnde Beerenmischung geben, unter Rühren eindicken lassen und vom Herd nehmen, die restlichen Früchte unterrühren.

Die Haselnüsse auf ein Backblech geben und im Ofen für 5 Minuten rösten. Herausnehmen und abkühlen lassen, anschließend grob hacken.

Für den Teig die weiche Butter zusammen mit Mehl, Zucker, Salz und Haferflocken in einer Schüssel verkneten, der Teig ähnelt Streuseln. Etwa zwei Drittel der Masse in die Kuchenform geben und zu einem Boden zusammendrücken, dabei einen Rand von 2 cm hochziehen.

Die gehackten Haselnüsse mit dem restlichen Teig mischen. Beerenmasse in die Form geben und gleichmäßig verteilen. Die restlichen Streusel daraufstreuen. Im Ofen auf der unteren Schiene 35–40 Minuten goldbraun backen, herausnehmen und in der Form abkühlen lassen.

TIPPS 〉〉〉

〉 Wie du Zucker in diesem Rezept dosierst, hängt von der Zusammensetzung der Beerenmischung und deren Süße ab. Ein Mix aus Heidelbeeren, Brombeeren und Himbeeren kommt beispielsweise mit 75 g Zucker aus. Ein reiner Johannis-beer-Pie benötigt mitunter 250 g Zucker. Am besten den Zucker nach und nach in kleinen Mengen zu den gekochten Beeren geben und immer wieder probieren. Die Füllung sollte nicht zu süß sein.

〉 Der Kuchen schmeckt am nächsten Tag noch besser und hält sich, luftdicht verpackt, mindestens 4 Tage.

〉 Das Rezept kommt ohne Schnörkel aus – doch etwas Puderzucker, Sahne oder eine Kugel Vanilleeis ergänzen den Geschmack wunderbar.

Friesische Holundersuppe mit Grießnocken

Wenn sich im Spätsommer das Licht golden färbt, leuchten die Holunderbeeren tiefviolett an den Büschen. Auch die Tage werden kühler, deshalb fangen wir in dieser warmen Suppe den Sommer ein letztes Mal ein. Das Schönste dabei ist, dass Holunder noch oft wild wächst, da gibt es ganz umsonst fette Beute. Die ersten Äpfel und Birnen reichern die Suppe an. Mit feinen Grießnocken wird eine sättigende Mahlzeit daraus. Sie schmeckt wahlweise morgens, mittags oder abends.

⚠ Achtung, Holunderbeeren sind in rohem Zustand giftig, daher immer gut durchkochen!

ZUTATEN

Suppe

❭ 1 kg reife Holunderbeeren
❭ 250 ml Apfelsaft
❭ 1 Apfel oder 1 Birne
❭ 1 Stange Zimt
❭ 1 unbehandelte Zitrone
❭ Zucker nach Geschmack
❭ 2 EL Speisestärke

Nocken

❭ ⅛ l Kuhmilch
❭ 1 EL Butter
❭ 1 Prise Salz
❭ 50 g Grieß, z.B. Dinkelgrieß
❭ 1 Ei
❭ Zucker nach Geschmack

Zubereitung (45–90 Minuten)

Wenn Holunderdolden frisch aus der Natur mit nach Hause gebracht werden, kann es ratsam sein, sie über Nacht oder für ein paar Stunden auf Tüchern oder Zeitungspapier ausgebreitet liegen zu lassen, damit Insekten die Pflanzen verlassen. Holunderbeeren anschließend verlesen und entstielen. Das geht am besten, indem man die Beeren mit einer Gabel von den Zweigen zupft. Dabei darauf achten, dass keine grünen, unreifen Beeren verwendet werden.

Holunderbeeren in einem großen Topf vollständig mit Wasser bedecken und 20 Minuten kochen. Anschließend ein Sieb mit einem Mulltuch auslegen und den Saft abseihen und auffangen. Das Beerenmus entsorgen.

Die Zitrone heiß abwaschen, schälen und den Saft auspressen. Den Holundersaft zusammen mit Apfelsaft, Zimt, der Schale und dem Saft der Zitrone erneut aufkochen und mit Zucker abschmecken. Apfel oder Birne waschen, in Stücke schneiden und in die heiße Suppe geben. Speisestärke in einer Tasse mit etwas Wasser glatt rühren und zur kochenden Suppe geben. Eindicken lassen, Zimtstange und Zitronenschale entfernen und vom Herd nehmen.

Für die Grießnocken Milch, Butter und Salz in einem separaten Topf aufkochen. Grieß nach und nach unter Rühren hinzugeben, bei Bedarf mit etwas Zucker süßen. So lange weiterrühren, bis sich die

TIPP 〉〉〉〉〉〉〉〉〉〉〉〉

〉〉 Die Grießnocken
können unter Verwendung
eines Pflanzendrinks und
Margarine auch vegan
zubereitet werden.

Grießmasse als Kloß vom Boden löst. Den Topf vom Herd nehmen, kurz abkühlen lassen und rasch das Ei einrühren.

In einem weiteren Topf reichlich Wasser aufkochen lassen und leicht salzen. Anschließend die Hitze herunterdrehen, sodass das Wasser nur noch leicht siedet.

Mit zwei Teelöffeln von der Grießmasse kleine Nocken abstechen, in das köchelnde Wasser gleiten lassen und 10 Minuten ziehen lassen. Anschließend mit einer Schaumkelle herausnehmen und in die Suppe geben. Warm oder kalt genießen.

Eine vielseitige Frühstücksbowl

VEGAN

Um gestärkt und entspannt in den Tag zu starten, lieben wir unsere Frühstücksbowl. Sie liefert nicht nur einen ausgewogenen Nährstoffmix, sondern ist auch superschnell zubereitet, sodass morgens noch genug Zeit zum Durchatmen bleibt. Je nach Saison variieren wir dabei die Kombination aus frischen Früchten, Trockenobst und Kernen. Für noch mehr Abwechslung das Obst kurz in etwas Butter oder Pflanzenmargarine andünsten und dann zum Joghurt geben. So wirkt das Frühstück an ungemütlichen Wintertagen wunderbar wärmend. In der kalten Jahreszeit kann auch gut mit Gewürzen wie Zimt oder Kardamom gespielt werden.

ZUTATEN

〉 6 EL Joghurt oder eine pflanzliche Alternative
〉 1 TL Leinsamen
〉 1 EL Weizenkleie
〉 1 EL Vollkorngetreide-flocken
〉 je 1 EL Sonnenblumen-kerne, Kürbiskerne, Walnüsse und/oder Buchweizen
〉 50–100 g frisches Obst der Saison, z.B. Beeren, Pfirsiche, Äpfel, Birnen, Pflaumen und/oder
〉 20–30 g Trockenobst nach Wahl, z.B. Rosinen, Kirschen, Aprikosen

Zubereitung (10–20 Minuten)

Leinsamen in etwas Wasser für etwa 15 Minuten quellen lassen. Falls danach noch Wasser übrig ist, durch ein Sieb geben. Das Obst nach Bedarf waschen und zerkleinern, Kerne und Nüsse in einer Pfanne ohne Öl anrösten. Alle Zutaten in einer Schüssel anrichten, zuletzt mit den gerösteten Nüssen bestreuen und genießen.

TIPPS 〉〉〉

Unsere liebsten Kombinationen

〉 Haferflocken mit frischen Pfirsichen, getrockneten Aprikosen, Vanille und Sonnenblumenkernen

〉 Hirseflocken mit frischen Himbeeren, getrockneten Kirschen, Zitronenzesten und Kürbiskernen

〉 Roggenflocken mit eingeweckten Pflaumen, Rosinen, Zimt und Haselnüssen

〉 5-Korn-Flocken mit Erdbeeren, Minze und geröstetem Buchweizen

〉 Dinkelflocken mit geschmorten Äpfeln, Kardamom, Vanille, Korinthen und Walnüssen

Coleslaw light VEGAN

Gute Neuigkeiten für alle Krautliebhaber*innen: Coleslaw muss nicht in Mayo ertränkt werden. Wir nutzen (veganen) Joghurt, Äpfel und frisches Gemüse und kreieren damit einen leckeren und gesunden Salat, der prima als Vorspeise serviert oder als knackige Grundlage für belegte Brote verwendet werden kann.

ZUTATEN

- 〉 ¼ Spitzkohl
- 〉 ⅛ Kohlrabi
- 〉 2 Möhren
- 〉 1 säuerlicher Apfel
- 〉 1 EL Sonnenblumenkerne
- 〉 1 EL Kürbiskerne
- 〉 1 Frühlingszwiebel
- 〉 250 g Naturjoghurt oder eine pflanzliche Alternative
- 〉 4 EL neutrales Pflanzenöl
- 〉 1 Zitrone oder 2 EL fruchtiger Essig
- 〉 Salz
- 〉 Pfeffer

Zubereitung (20–45 Minuten)

Den Spitzkohl in sehr feine Streifen schneiden oder hobeln und 2 EL Salz mit den Händen einkneten. Dabei wird die Zellstruktur des Kohls aufgebrochen, was ihn später leichter verdaulich macht. Den Kohl mindestens eine halbe Stunde stehen lassen, das Einweichwasser anschließend abgießen und den Kohl ausdrücken. Sollte der Kohl an dieser Stelle zu salzig sein, kann er einfach mit Wasser ausgespült werden. Anschließend gut ausdrücken, um überschüssiges Wasser zu entfernen.

Während der Kohl ruht, Kohlrabi, Möhren und Apfel grob reiben. Dann mit dem ausgedrückten Kohl mischen. Joghurt hinzugeben und mit Zitronensaft, Salz und Pfeffer abschmecken. Den weißen und hellgrünen Teil der Frühlingszwiebel in feine Streifen schneiden.

Sonnenblumen- und Kürbiskerne in einer Pfanne ohne Öl anrösten. Die Kerne und die Frühlingszwiebel zu ⅔ unter den Salat mischen, den Rest zum Anrichten benutzen und über den Salat streuen.

Saison
August bis
November

Süßsaures Apfelkraut mit Ingwer

Sauerkraut kennen wir oft nur als klassische Beilage zu schweren Gerichten. Hier stellen wir ein Rezept vor, bei dem Sauerkraut die Hauptrolle spielt und von knackigen, süßen Aromen begleitet wird. Die leichte Schärfe des Ingwers passt sehr gut zum sauren Kraut und der Süße der Früchte. Im Vergleich zum Coleslaw ist dieser Salat würziger im Geschmack.

ZUTATEN

> 650 g Sauerkraut (Abtropfgewicht)
> 2 mittelgroße Äpfel
> 250 g Pflaumen aus dem Glas (Abtropfgewicht)
> 1 kleines Stück Ingwer, ca. 4 cm
> 75 g Rosinen
> 75 g ganze Haselnüsse
> 1 EL neutrales Pflanzenöl
> Salz
> Pfeffer

TIPP 〉〉〉〉〉〉〉〉〉〉〉〉

» Wir bevorzugen hier süß-säuerliche Äpfel wie z. B. Holsteiner Cox. Am besten verwendest du die Äpfel, die dir schmecken und die bei dir regional und saisonal verfügbar sind.

Zubereitung (10–20 Minuten)

Das abgetropfte Sauerkraut in eine große Schüssel geben. Äpfel waschen, entkernen und in schmale Spalten schneiden, Pflaumen waschen, entsteinen, abtropfen lassen und vierteln. Ingwer fein hacken.

Alle Zutaten zum Sauerkraut geben und kurz vermischen. Mit Salz und Pfeffer abschmecken.

Fermentation oder: ein kurzer Ausflug in die Welt der milchsauren Vergärung

Manch eine*r erinnert sich vielleicht noch an die großen braunen Gärtöpfe im Keller der Großeltern, aus denen der einzigartige süß-säuerliche Geruch von fermentiertem Kraut, Wacholder und anderen Gewürzen aufstieg, sobald der schwere Deckel angehoben wurde. Der Gedanke daran lässt viele Menschen eher die Nase rümpfen, als das Wasser im Mund zusammenlaufen zu lassen. Dabei könnte milchsauer Fermentiertes eigentlich mit einem festen Platz im Rampenlicht einer gesunden Ernährung stehen.

Doch von Anfang an: Die milchsaure Fermentation stellt eine der ältesten und natürlichsten Methoden zur Haltbarmachung von Lebensmitteln dar und lässt sich innerhalb der Kulturgeschichte der Menschheit in nahezu allen Regionen der Welt nachweisen. Nur geriet diese Art der Konservierung in den letzten Jahrzehnten vermehrt in Vergessenheit. Durch den Einzug von Kühlgeräten in die privaten Haushalte und die aufgrund globalisierter Lebensmittelsysteme allgegenwärtige Verfügbarkeit frischer Lebensmittel ist es nicht mehr notwendig, Vorräte anzulegen. Seit einigen Jahren lässt sich jedoch ein neuer Trend dieser alten Methode entdecken: Sauerkraut und Co. erfahren ihr Comeback in den Küchen, mit neuem Gesicht – und vor allem neuem Geschmack! Kreative Kombinationen der Gemüsearten und Gewürze machen hier alles möglich.

Und das zu Recht: Denn die verwendeten Lebensmittel werden nicht nur schonend haltbar gemacht, sondern sogar für eine leichtere Verdauung vorbereitet. Während der Fermentation lockern verschiedenste Bakterien Schritt für Schritt die Struktur der pflanzlichen Kost auf. So wird auch schwer verdauliches Gemüse, wie beispielsweise Kohl, in roher Form leicht bekömmlich für den Körper. Doch das ist noch lange nicht alles: Nebenbei entstehen je nach Gemüse Vitamin C, verschiedene B-Vitamine, Enzyme und ein riesiger Cocktail an unterschiedlichen Bakterien, die gut und wichtig für eine intakte Darmflora und damit für ein starkes Immunsystem sowie einen gesunden Körper sind.

»» WAS PASSIERT BEIM FERMENTIEREN?

Grundsätzlich machen wir uns bei der Fermentation die für uns mit bloßem Auge unsichtbaren Milchsäurebakterien zunutze, die neben unserem Darm auch unsere Haut, Obst und Gemüse und eigentlich die gesamte Umwelt besiedeln. Gemeinsam mit vielen anderen Bakterienstämmen verbringen sie wahre Wunder und schenken uns neben den beschriebenen gesundheitlichen Vorzügen eine Vielfalt von unterschiedlichsten Aromen und Geschmackserlebnissen, die zum Experimentieren einladen.

Damit sich die Milchsäurebakterien ungestört vermehren können und möglichst wohlfühlen, schaffen wir ihnen mit ausreichend Futter und einer sauerstoffarmen und salzigen Umgebung ein wohliges Zuhause. Was den Milchsäurebakterien besonders guttut, lässt die anderen, für uns unerwünschten Mikroorganismen schnell die Flucht ergreifen. Denn wo kein Sauerstoff verfügbar ist und ein saures Milieu herrscht, findet beispielsweise kein Schimmelpilz Platz.

Kommt die Fermentation erst einmal richtig in Gang, sinkt langsam der pH-Wert: Es wird stetig saurer. Dabei werden die Milchsäurebakterien aktiv, erfreuen sich an den Kohlenhydraten des Gemüses und helfen mit, unsere Kost verdaulicher, gesünder, aromatischer und letztlich haltbar zu machen.

⟩⟩⟩ Was brauchst du zum Fermentieren?

Kurz: nicht viel! Fermentieren ist denkbar leicht, umweltschonend und preiswert. Notwendig ist frisches, idealerweise unbehandeltes Gemüse, denn hier sind die Überlebenschancen der kleinen Helfer aufgrund geringerer Pestizidbelastung einfach höher. Außerdem brauchst du naturbelassenes Salz – kein jodiertes Salz benutzen, das hemmt den Prozess –, ein Messer oder eine Reibe, ein Gewicht zum Beschweren und ein Bügelglas. Ein Schraubglas funktioniert natürlich ebenso, doch sollte dies täglich kurz

geöffnet werden, damit der entstehende Druck entweichen kann.

Das Gemüse kann je nach Wunsch und Vorliebe gewürfelt, geschnitten, gehackt, geraspelt oder gehobelt werden – der Fantasie sind keine Grenzen gesetzt! Je kleiner das Gemüse verarbeitet wird, desto größer ist die Oberfläche, an welcher die Bakterien ansetzen können, und desto schneller kommt die Vergärung in Gang. Manchmal kann es aber auch besonders schön sein, Gemüse im Ganzen zu fermentieren.

Am besten eignen sich für den Anfang die klassischen Knollen-, Wurzel- und Kohlgewächse. Gemüse, das viel Wasser enthält, wie beispielsweise Zucchini, Paprika oder Tomaten, wird schnell matschig und sollte nur sehr kurz fermentiert werden.

))) Wie wird denn nun Fermentiert?

Das Fermentieren von Gemüse ist kinderleicht. Im Folgenden findest du zwei Anleitungen, die die beiden Grundmethoden – Trockenfermentieren und Fermentieren in Salzlake – detailliert beschreiben.

1. GRUNDREZEPT:
Trocken fermentieren

» 1 kg geschnittenes oder geraspeltes Gemüse
» 20–30 g Salz
» Gewürze nach Wunsch und Geschmack

Das vorbereitete Gemüse mit dem Salz vermengen und gut mit den Händen durchkneten. Darauf achten, dass deine Hände und alle Gegenstände sauber sind. Nach kurzer Zeit sollte Flüssigkeit ausgetreten sein, ansonsten kräftig weiterkneten.

Alles in ein mit Kochwasser sterilisiertes Bügel- bzw. Schraubglas geben. Beim Befüllen darauf achten, das Gemüse fest in das Glas zu drücken, um sicherzustellen, dass keine Sauerstoffbläschen zurückbleiben.

Wenn alles vollständig im Glas ist, sollte das Gemüse mit 1–2 cm Flüssigkeit bedeckt sein. Sollte sich zu wenig Flüssigkeit gelöst haben, kann etwas zwei- bis dreiprozentige Salzlake dazugegossen werden.

Zur Beschwerung ein Gewicht auflegen, um zu verhindern, dass Gemüsestücke mit der Zeit an die Wasseroberfläche steigen, da sie bei Kontakt mit der Luft schimmeln könnten.

Anschließend das Ferment 3–7 Tage bei Zimmertemperatur stehen lassen. Ob die Fermentation in Gang kommt, lässt sich nach wenigen Tagen an den aufsteigenden Luftbläschen in den Gläsern erkennen. Der Geruch sollte eine leicht süßliche Säure entwickeln, wie er auch von Sauerkraut bekannt ist. Und das Beste: Es kann jetzt schon probiert werden! Dabei sollte nur beachtet werden, dass die verwendete Gabel sauber ist und das Gemüse danach wieder vollständig von der Lake bedeckt ist.

Sobald der gewünschte Geschmack erreicht ist, das Ferment an einem dunklen, kühlen Ort oder aber im Kühlschrank lagern, um die Fermentation zu verlangsamen. Ab jetzt könnte es sich problemlos für mehrere Monate halten – wäre es nicht so lecker! Doch das Warten um mindestens weitere 4 Wochen lohnt sich: Das Ferment ist lebendig, und die verschiedensten Bakterien arbeiten fleißig weiter, wodurch sich das Aroma noch verbessert.

Es empfiehlt sich, das Ferment stets mit einer kurzen Beschreibung sowie einem Herstellungsdatum zu versehen, um bei aller Experimentierfreude den Überblick zu behalten.

2. GRUNDREZEPT:
Fermentieren in Salzlake

» 500 g geschnittenes/geschältes Gemüse
» 20–30 g Salz auf 1 l Wasser
» Gewürze nach Wunsch und Geschmack

Beim Fermentieren mit Salzlake kann auf ganz ähnliche Weise wie im 1. Grundrezept vorgegangen werden. Dazu das bearbeitete Gemüse ins Glas füllen und mit der Salzlake auffüllen. Dann wie oben beschrieben verfahren.

In Lake fermentiert man vor allem solches Gemüse, das entweder zu fest oder zu groß ist, um beim Kneten mit Salz genügend Saft abzugeben, wie beispielsweise Möhren, Rote Bete oder Spargel.

Ob Klassiker wie Weißkohl mit Wacholderbeeren oder untypischere Kombinationen wie Möhren mit Holunder oder Waldmeister – der Fantasie sind beim Experimentieren keine Grenzen gesetzt. Jedes Ferment ist einzigartig! [99, 100]

Karamellisierte Ofenmöhren mit Salbei

VEGAN

Dieses Gericht dient als Vorlage für viele Variationen mit Röstgemüse. Die Ofenhitze kitzelt die Süße der Gemüsesorten einmal mehr heraus. Die Würze des aromatischen Salbeis sorgt für das gewisse Etwas und regt gleichzeitig die Verdauung an. Wir verwenden hier frische Bundmöhren, doch schmecken auch Rote Bete, Pastinaken, Kartoffeln, Blumenkohl und viele weitere Gemüsesorten noch einmal ganz anders, wenn sie mit Kräutern und Gewürzen im Ofen geröstet werden. Probier einfach aus, was dir am besten schmeckt.

ZUTATEN

〉 1 Bund Möhren
〉 2 EL Butter oder neutrales Pflanzenöl
〉 eine Handvoll frische Salbeiblätter
〉 2 EL Zucker
〉 ein Schuss Rotwein
〉 Salz
〉 Pfeffer

TIPPS 〉〉〉〉〉〉〉〉〉〉〉

〉〉 Das Gericht schmeckt pur, kann aber auch um weiteres Wurzelgemüse ergänzt werden.

〉〉 Die Blätter des übrig gebliebenen Möhrengrüns können zum Beispiel als Pesto weiterverarbeitet werden (siehe Rezept auf Seite 86).

Zubereitung (20–45 Minuten)

Den Ofen auf 180 °C Ober-/Unterhitze (160 °C Umluft, Gasherd Stufe 3) vorheizen.

Die Möhren waschen und das Möhrengrün abschneiden, dabei aber 1–2 cm vom Strunk belassen, sodass noch ein bisschen Grün an der Möhre bleibt. Die Möhren danach der Länge nach halbieren, besonders dicke Exemplare auch vierteln. Den Salbei waschen, trocken tupfen, fein hacken und beiseitestellen.

Zum Karamellisieren den Zucker in einen Topf oder eine Pfanne mit großer Auflage geben und bei mittlerer Temperatur erhitzen. Den Zucker langsam schmelzen lassen, ohne dabei zu rühren, da er sonst Klumpen ausbilden kann. Sobald er Bläschen wirft und eine goldgelbe Farbe angenommen hat, die Butter in die Pfanne geben und kurz einrühren. Anschließend Möhren hinzugeben und in der Karamellbutter schwenken. Nach 1–2 Minuten mit einem Schuss Rotwein ablöschen und den Salbei unter die Möhren mischen. Mit einer Prise Salz und Pfeffer würzen.

Das Ganze in eine Auflaufform geben und weitere 15–20 Minuten backen, bis die Möhren eine leichte Bräune entwickelt haben.

Geschmorter Radicchio an Steckrüben-Kartoffel-Stampf

VEGAN

Geschmorter Radicchio ist eine Spezialität im italienischen Veneto und findet auch hierzulande immer mehr Anhänger*innen. Der bittere Geschmack des Salates wird durch die Süße des Apfelsafts ausgeglichen. Die Steckrübe verleiht dem Stampf ebenfalls einen Hauch von Süße und bringt damit einmal mehr Vielfalt auf den Teller.

ZUTATEN

› 1 kleine Zwiebel
› 3 EL neutrales Pflanzenöl
› 1 großer oder 2 kleine Köpfe Radicchio
› 1,8 kg mehlig kochende Kartoffeln
› 1 Steckrübe
› ca. 100 ml Kuhmilch oder Pflanzendrink
› 3 EL Butter oder 6 EL Pflanzenöl
› 50 ml Weißwein oder 1 Zitrone
› 200 ml Apfelsaft
› 100 g Sonnenblumenkerne
› frische Kräuter nach Geschmack, z. B. Thymian oder Salbei
› 1 EL eingelegter grüner Pfeffer, alternativ grob gemahlener schwarzer Pfeffer
› Salz

Zubereitung (20–45 Minuten)

Den Backofen auf 80 °C Ober-/Unterhitze (60 °C Umluft, Gasherd Stufe 1) vorheizen. Kartoffeln und Steckrübe schälen und würfeln. In Salzwasser 10–15 Minuten lang weichkochen.

Äußere Blätter vom Radicchio entfernen, Strunk keilförmig einschneiden und herauslösen, den restlichen Salatkopf in 4–6 Keile schneiden.

Öl in einer Pfanne erhitzen. Radicchiokeile in die Pfanne setzen und 2–3 Minuten goldbraun anbraten, anschließend herausnehmen und zum Warmhalten bei 70–80 °C in den Ofen stellen.

Zwiebeln schälen, hacken und in der Pfanne anbraten. Gegebenenfalls etwas mehr Öl in die Pfanne geben. Mit Weißwein oder Zitronensaft ablöschen, Apfelsaft aufgießen und bei schwacher Hitze reduzieren lassen, bis die Sauce eine dunkelgoldene Farbe hat, deutlich dicker geworden ist und leicht nach Karamell riecht. Den grünen Pfeffer zur Sauce geben, mit Salz, nach Belieben schwarzem Pfeffer und Kräutern abschmecken.

Sonnenblumenkerne in einer kleinen Pfanne ohne Fett erhitzen und 2–3 Minuten rösten lassen, bis sie aromatisch duften.

Kartoffeln und Steckrüben abgießen, mit einem Kartoffelstampfer zerstampfen und cremig rühren. Dabei entweder erwärmte Milch oder Pflanzendrink sowie Butter oder Pflanzenöl einrühren. Mit Salz und Pfeffer abschmecken.

Kartoffel-Steckrüben-Stampf mit Radicchio und Sauce anrichten und mit gerösteten Sonnenblumenkernen bestreuen.

Klare Blumenkohl-Buchweizen-Suppe mit getrockneten Pilzen

Diese kernige Suppe besticht durch ihren außergewöhnlich guten Geschmack und sorgt bei deinen Gästen für einen Aha-Moment. Frische und getrocknete Pilze bringen allerhand Umami* in den Kochtopf, die Süße vom Sherry gibt dem Ganzen einen besonderen Touch. Die kräftige Brühe schmeckt am besten mit nussigem Buchweizen oder gekochtem Dinkel. Da sie zudem schön wärmt, kommt sie bei uns oft im Herbst auf den Tisch.

ZUTATEN

- 1 Blumenkohl
- 20 g getrocknete Pilze, z.B. Steinpilze
- 2 EL neutrales Pflanzenöl
- 1 kleine Zwiebel
- 1 mittelgroße Möhre
- 2 Knoblauchzehen
- 500 g gemischte Pilze (z.B. Champignons, Austernpilze, Shiitake)
- 200 g Buchweizen
- 1,5 l Gemüsebrühe
- 50 ml trockener Sherry, alternativ ein Schuss Weißwein und ein Spritzer Aceto Balsamicó
- 1 EL Tomatenmark
- Sherry- oder Weißweinessig nach Geschmack
- Salz
- Pfeffer

Zubereitung (20–45 Minuten)

Die getrockneten Pilze in eine kleine Schüssel geben, mit etwas kochendem Wasser überbrühen und ca. 20 Minuten stehen lassen.

Gleichzeitig das Gemüse putzen und vorbereiten. Zwiebel und Knoblauch schälen und fein hacken. Die frischen Pilze mit einem trockenen Pinsel oder einem feuchten Küchentuch von Schmutz befreien, die Stilenden trimmen und entfernen. Pilze in Scheiben schneiden. Den Blumenkohl in kleine Röschen zerteilen. Die Möhre in kleine Stücke schneiden. Buchweizen in einem Sieb gründlich mit Wasser abwaschen.

Öl in einem großen Topf leicht erhitzen. Zwiebeln und Möhren 10 Minuten auf kleiner Flamme erhitzen, sodass die Zwiebeln schön weich werden, aber nicht verbrennen. Knoblauch dazugeben und kurz mit braten lassen. Dann die Hitze hochdrehen, die frischen Pilze dazugeben und 5–10 Minuten kräftig anbraten, bis Wasser ausgetreten ist. Den Buchweizen hinzufügen, kurz unterrühren, dann Brühe, Sherry und Tomatenmark dazugeben, salzen und pfeffern und während des nächsten Arbeitsschrittes köcheln lassen.

Die getrockneten Pilze vorsichtig aus dem Einweichwasser heben, das Wasser dabei aufbewahren. Die Pilze fein hacken und das Wasser durch ein feines Sieb geben, um Sandreste zu entfernen. Pilze, das gesäuberte Einweichwasser und die Blumenkohlröschen zur Suppe geben und alles weitere 15 Minuten köcheln lassen, bis der Buchweizen gar ist. Mit Salz, Pfeffer und Essig abschmecken und servieren.

* UMAMI?

Der Begriff stammt aus dem Japanischen und beschreibt einen zutiefst herzhaften Geschmack. Er ergänzt die vier Geschmacksrichtungen salzig, bitter, süß und sauer. Umami wird vor allem mit Fleisch in Verbindung gebracht und ist in der vegetarischen Küche beispielsweise durch reifen Hartkäse herzustellen. In der veganen Küche ist es schwieriger, aber nicht unmöglich, dieses gewisse Etwas in den Topf zu zaubern. Getrocknete Pilze, Algen oder Sojasauce bringen zum Beispiel viel Umami mit.

Herbstliche Kürbistarte mit Apfel, Walnüssen und Feldsalat

Diese Tarte ist das perfekte Essen für regnerische Herbsttage. Sie eignet sich als Hauptgericht für vier Personen, zusammen mit Salat auch als leichtes Gericht für sechs bis acht Personen. Durch den Fruchtzucker von Kürbis und Apfel schmeckt die Tarte süßlich, die Walnüsse sorgen für den nötigen Biss.

ZUTATEN

Füllung

〉 1 großer Hokkaido-Kürbis
〉 1 Zwiebel
〉 ½ Stange Lauch
〉 60 g Walnüsse
〉 20 g Kürbiskerne
〉 150 g Feta
〉 1 Apfel
〉 1 Schuss Apfelsaft
〉 Salz
〉 Pfeffer

Mürbeteig

〉 125 g Weizenmehl
〉 125 g Dinkelmehl, Type 630
〉 125 g kalte Butter
〉 70 ml kaltes Wasser
〉 1 TL Salz

Zubereitung (45–90 Minuten)

Den Backofen auf 180 °C Umluft (200 °C Ober-/Unterhitze, Gasherd Stufe 4) vorheizen.

Zuerst den Mürbeteig vorbereiten. Dafür alle Zutaten mit der Küchenmaschine oder per Hand zügig zu einem Teig verarbeiten. Wichtig ist, dass dieser dabei nicht zu warm wird. Anschließend bis zur Verwendung in den Kühlschrank stellen.

Den Kürbis mit einem scharfen Messer in Stücke schneiden, auf ein Backblech legen, mit Öl benetzen und im Ofen backen, bis er weich und goldbraun ist. Die Backzeit liegt zwischen 10–15 Minuten, abhängig von der Größe der Stücke.

Eine Tarteform mit dem Mürbeteig auskleiden. Den Teig 10–15 Minuten blindbacken. Beim Blindbacken wird ein Teig, der später gefüllt werden soll, zunächst im Ofen vorgebacken, sodass eine Form oder Hülle für die Füllung entsteht. Klassischerweise wird der Teig dazu in eine Backform gepresst und der Boden mehrmals mit einer Gabel eingestochen, sodass er während des Backens nicht aufgeht. Dann wird der Teig mit Gewichten beschwert, z. B. mit getrockneten Hülsenfrüchten oder Getreide, und kurz gebacken. Diese »Blindfüllung« wird dann entfernt und durch die eigentliche Füllung ersetzt.

Den Kürbis, sobald er fertig ist, pürieren und das Püree mit Pfeffer, Salz und Apfelsaft abschmecken, danach beiseitestellen.

Alle weiteren Zutaten zerkleinern: Die Zwiebeln schälen und in Ringe schneiden, den Lauch waschen und den weißen und hellgrünen

TIPPS ❯❯❯❯❯❯❯❯❯❯❯❯❯

❯❯ Wer es lieber herzhafter mag, verzichtet auf Apfel und Apfelsaft und gibt stattdessen einen guten Schuss Apfelessig hinzu. Am besten ist es, die Füllung vor dem Backen zu probieren und nach eigenem Gusto abzuschmecken.

❯❯ Nach gleichem Prinzip lassen sich auch andere weiche Gemüsesorten verarbeiten. Besonders lecker schmeckt diese Tarte mit einem Püree aus Roter Bete. Dazu passen Ziegenkäse und Thymian.

❯❯ Mit Margarine im Teig und ohne Feta wird dieses Gericht vegan.

Teil ebenfalls in dünne Ringe schneiden. Den Feta grob zerbröseln, die Walnüsse grob hacken, den Apfel in dünne Scheiben schneiden.

Den blindgebackenen Tarteboden etwas abkühlen lassen. Das Kürbispüree gleichmäßig darauf verteilen und anschließend die klein geschnittenen Zutaten großzügig auf dem Püree verteilen.

Die Tarte etwa 30 Minuten backen. Währenddessen den Salat waschen und trocken schleudern und in eine Salatschüssel geben. Öl, Essig, Salz und Pfeffer in einer kleinen Schüssel anrühren und kurz vor dem Servieren zum Salat geben.

Die Tarte aus dem Ofen nehmen und vor dem Anschneiden etwas abkühlen lassen.

Möhren-Hafer-Walnuss-Küchlein

VEGAN

Wenn du mal wieder Lust auf etwas Süßes hast, aber trotzdem nicht auf Vitamine und Ballaststoffe verzichten möchtest, sind diese Küchlein genau das Richtige. Fix zubereitet, passen sie super als süße Beigabe zum Frühstück, begeistern als Mitbringsel oder als Nachmittagssnack.

ZUTATEN

> 200 g Möhren
> 1–2 Äpfel
> 150 g Haferflocken
> 150 g Dinkelmehl, Type 630
> 80 g Walnüsse
> eine Handvoll Rosinen
> ½ TL Zimt nach Belieben
> 1 ½ TL Backpulver
> 1 Prise Salz
> 120 ml Haferdrink
> 50 ml neutrales Pflanzenöl
> 2 EL Honig oder
> Zuckerrübensirup
> neutrales Pflanzenöl für
> die Form

TIPP 〉〉〉〉〉〉〉〉〉〉〉

〉〉 Für eine herzhafte Variante Äpfel, Rosinen und Zimt weglassen und stattdessen Salz, Pfeffer, Thymian oder Käse hinzugeben.

Zubereitung (45–90 Minuten)

Den Ofen auf 180 °C Ober-/Unterhitze (160 °C Umluft, Gasherd Stufe 3) vorheizen.

Möhren und Äpfel fein reiben. Haferflocken, Mehl, Backpulver, Zimt und Salz vermengen. Walnüsse mit einem Messer grob hacken, zusammen mit den Rosinen zum Mehlgemisch hinzufügen. Das Möhren-Apfel-Gemisch, Öl und Haferdrink zu den trockenen Zutaten hinzugeben und alles zu einem Teig verrühren. Nach Wunsch mit Honig oder Zuckerrübensirup süßen.

Eine Muffinbackform mit Öl fetten und mit Mehl bestäuben, damit sich die Küchlein nach dem Backen leicht herauslösen lassen. Teig in die Form portionieren und 40–50 Minuten backen, bis ein Zahnstocher, der in die Mitte des Teiges gesteckt wird, sauber und ohne Teigreste herauskommt.

Pflanzendrinks lassen sich ganz einfach selbst herstellen

Für 1 Liter Pflanzendrink aus Hafer brauchst du:

> 80 g Haferflocken (am besten feine)
> 1 l Wasser
> eine Prise Salz
> optional etwas Zuckerrübensirup

Erhitze zunächst einen Liter Wasser in einem Topf. Sobald das Wasser kocht, füge die Haferflocken sowie die Prise Salz hinzu. Drehe dann den Herd auf kleine Flamme und lasse das Ganze noch 15 Minuten leicht köcheln.

Nimm anschließend den Topf vom Herd, stelle ihn auf einen hitzebeständigen Untergrund und püriere die Masse mit einem Stabmixer. Gieße die pürierte Masse anschließend durch ein engmaschiges Sieb in eine Schüssel. Drücke die Masse mit einer Gabel immer wieder nach, damit die Flüssigkeit besser abfließen kann. Fertig ist der Haferdrink, den du nach Bedarf noch mit Zuckerrübensirup süßen kannst.

Im Sieb bleibt noch eine porridgeähnliche Masse übrig. Diese kannst du im Kühlschrank ca. 2–3 Tage aufbewahren und zum Müsli hinzugeben beziehungsweise als Haferschleim zum Frühstück essen.

Der Drink selbst hält sich im Kühlschrank auch ca. 2–3 Tage.

Du siehst: Haferdrink selber machen ist wirklich nicht schwer! Für Nussdrinks verwendest du statt der Haferflocken 100 g über Nacht eingeweichte Nüsse deiner Wahl.

Hagebuttenmarmelade

VEGAN

Leckere Zutaten direkt aus der Natur zu sammeln ist immer eine Freude. Hagebutten zum Beispiel wachsen nicht nur fast überall, sondern liefern auch noch große Mengen an Vitamin C. Zugegeben, die Zubereitung ist durch die feinen Härchen der im Inneren sitzenden Samen nicht ganz einfach. Ein Passiergerät mit feinem Siebeinsatz, umgangssprachlich »Flotte Lotte« genannt, erspart dir hier das Pulen der einzelnen Früchte.

ZUTATEN

〉 1 kg Hagebutten
〉 200–300g Gelierzucker
  für das Verhältnis 3:1
〉 etwas Wasser
〉 1 Zitrone oder etwas
  Verjus

TIPP 〉〉〉〉〉〉〉〉〉〉〉

〉 Da es viele verschiedene Rosengewächse gibt, gibt es auch eine Vielzahl an Hagebuttensorten. Sie alle reifen zu unterschiedlichen Zeiten. Auf Nummer sicher gehst du, wenn du sie nach dem ersten Frost erntest, er macht die Früchte schön weich und süß.

Zubereitung (20–45 Minuten)

Die Hagebutten mit etwas Wasser in einem Topf zum Kochen bringen. Die Hitze reduzieren und das Ganze bei niedriger Temperatur einige Minuten weich kochen. Anschließend pürieren und in zwei Durchgängen durch die Flotte Lotte drehen. Der zweite Schritt ist notwendig, um auch wirklich alle Härchen aufzufangen – nichts ist unangenehmer, als sie später in der Marmelade zu schmecken.

Das aufgefangene Mus je nach Konsistenz mit Wasser verdünnen und mit der entsprechenden Menge Gelierzucker im Verhältnis 3:1 vermengen. Mit Zitronensaft oder Verjus abschmecken und anschließend 4 Minuten sprudelnd kochen lassen. Die heiße Masse in vorbereitete, steril ausgekochte Marmeladengläser füllen, diese sofort fest verschließen, umdrehen und auf dem Deckel stehend abkühlen lassen.

Sanddornmarmelade

Sanddorn wächst vor allem auf sandigen Böden, zum Beispiel in Küstennähe. Durch seine Dornen sind die Früchte gar nicht so einfach zu ernten. Leicht geht es, wenn vorsichtig einzelne Trauben abgeschnitten und kurz im Gefrierschrank gelagert werden. Die gefrorenen Beeren lassen sich im Anschluss ganz einfach von den Zweigen streifen. Um den fruchtig-herben Geschmack über die Saison hinaus einzufangen, bietet sich Sanddornmarmelade an, die übrigens sehr gut zu kräftigem Käse passt.

ZUTATEN

❭ 500 g Sanddornbeeren
❭ 300 g Gelierzucker 2:1
❭ 100 ml Apfelsaft

Zubereitung (20–45 Minuten)

Die Sanddornbeeren vorsichtig waschen und in einem ausreichend großen Topf bei niedriger Temperatur etwa 15–20 Minuten kochen lassen, bis sie zerfallen. Die Mischung durch ein Sieb streichen oder ein Passiergerät nutzen. Das Mus mit dem Apfelsaft mischen, den Gelierzucker hinzufügen und das Ganze unter Rühren 4 Minuten sprudelnd kochen lassen. Anschließend in vorbereitete, steril ausgekochte Gläser füllen, diese sofort verschließen, umdrehen und auf dem Deckel stehend abkühlen lassen.

Chicorée-Apfel-Salat mit gerösteten Walnüssen

Dieser Salat ist fruchtig, spritzig und üppig, weshalb er gerade an grauen Wintertagen Energie liefert. Noch dazu strotzt er vor gesunden Inhaltsstoffen. Der bittere Geschmack des Chicorée harmoniert hervorragend mit der Süße und Säure der Äpfel.

ZUTATEN

〉 3 Chicorée
〉 2 säuerliche, knackige Äpfel
〉 1 Handvoll Walnüsse
〉 1 kleines Bund gemischter Kräuter, z. B. Petersilie, Schnittlauch, Thymian
〉 neutrales Pflanzenöl
〉 Himbeeressig oder anderer Fruchtessig
〉 Naturjoghurt oder pflanzliche Alternative
〉 150 g salziger Käse (Feta, Pecorino oder Parmesan)
〉 Salz
〉 Pfeffer

Zubereitung (10–20 Minuten)

Den Chicorée waschen und trocken schleudern, dabei die einzelnen Blätter voneinander trennen. Große Blätter längs halbieren. Den trockenen Chicorée in eine große Schüssel geben.

Die Kräuter waschen, trocken schleudern und hacken. Die Äpfel waschen, vierteln, entkernen und in schmale Stifte schneiden. Die Walnüsse grob hacken und ohne Öl in einer Pfanne rösten, bis sie anfangen zu duften. Dabei aufpassen, dass die Nüsse nicht anbrennen.

Apfelstifte und geröstete Nüsse zum Chicorée geben.

Für das Dressing 1 Teil Essig, 2 Teile Öl und 1 Teil Joghurt miteinander verrühren und mit Salz und Pfeffer abschmecken. Das Dressing über den Salat geben und alles vorsichtig miteinander vermengen. Den Salat auf Tellern oder einer Platte anrichten sowie mit dem Käse und etwa 3 EL gehackten Kräutern bestreuen.

TIPP 〉〉

〉 Für eine vegane Version einfach den Käse durch eine pflanzliche Alternative ersetzen und den Joghurt mit Öl oder einer veganen Alternative austauschen.

Graupensalat mit Grünkohl, Birne und geröstetem Buchweizen

Tabbouleh – Getreidesalat mit Kräutern – ist sprichwörtlich in aller Munde. Hier haben wir eine regionale Variante kreiert, die dem Original in nichts nachsteht. Statt Couscous auf Weizenbasis verwenden wir Graupen, die aus Gerste hergestellt werden. Petersilie ergänzen wir mit gesundem Grünkohl. Möhre, Sellerie und Lauch machen das Ganze zu einem vollwertigen und ausgewogenen Hauptgericht. Fruchtessig und Birnenstücke fügen dem Salat das besondere Etwas hinzu. Buchweizen wird durch Rösten zu einem knackigen Topping und gibt dem Salat einen schönen Crunch.

ZUTATEN

〉 250 g Graupen
〉 250 g Grünkohl
〉 1 Möhre
〉 ¼ Knolle Sellerie
〉 1 kleine Stange Lauch
〉 1 große oder 2 kleine Birnen
〉 neutrales Pflanzenöl
〉 1 Bund Petersilie
〉 etwas Himbeeressig oder anderer Fruchtessig
〉 Zucker
〉 Salz
〉 Pfeffer
〉 3 EL Buchweizen

Zubereitung (20–45 Minuten)

In einem mittelgroßen Topf reichlich Wasser aufkochen und salzen. Die Graupen nach Packungsanweisung gar kochen, abgießen und abtropfen lassen. In einem weiteren Topf ebenfalls reichlich Salzwasser aufkochen lassen, den Grünkohl darin 10 Minuten kochen lassen, dann abschütten und abtropfen lassen.

Während der Kochzeit das Gemüse putzen. Den Sellerie schälen und in kleine Stücke schneiden. Den Lauch gründlich waschen und in feine Ringe schneiden. Möhre putzen und fein hacken. Die Birne(n) abwaschen, entkernen und in kleine Stücke schneiden. Petersilie waschen, trocknen und klein hacken.

In einer Pfanne etwas Öl erhitzen, darin Möhre, Sellerie und Lauch 10 Minuten bei mittlerer Hitze anbraten, dann salzen und pfeffern. Aus der Pfanne nehmen und in eine große Salatschüssel geben. In der Pfanne nun den Buchweizen unter Rühren rösten, bis er goldbraun ist. Er nimmt schnell Farbe an und sollte nicht anbrennen.

In den Salat kommen nun auch die abgetropften Graupen, Birnenstücke und die Petersilie. Den Grünkohl mit den Händen auspressen und klein hacken, zum restlichen Salat geben. Salat mit einem kräftigen Schuss Himbeeressig und Zucker sowie mit Salz und Pfeffer abschmecken. Bei Bedarf etwas mehr Öl hinzufügen und gut vermengen. Zum Servieren mit geröstetem Buchweizen bestreuen.

Vegane Borschtsch

Mit Borschtsch wird hauptsächlich ein fleischlastiger, schwerer Eintopf in Verbindung gebracht. In der osteuropäischen Küche gibt es jedoch auch vegetarische und mitunter sogar vegane Rezepte, an denen auch wir uns orientiert haben. Letztendlich steht ein sättigender, gesunder und leckerer Eintopf auf dem Tisch.

ZUTATEN

> 1 kg Rote Bete
> 750 ml kräftige Gemüsebrühe
> 20 g getrocknete Pilze, z. B. Steinpilze
> 250 g Kartoffeln, festkochend
> 200 g Sauerkraut
> neutrales Pflanzenöl
> 1 EL Tomatenmark
> 1 mittelgroße Zwiebel
> 1 Apfel
> Weißweinessig
> Salz
> Pfeffer
> Kräuter zum Servieren, z. B. Petersilie, Dill, Majoran

Zubereitung (45–90 Minuten)

Backofen auf 200 °C Ober-/Unterhitze (180 °C Umluft, Gasherd Stufe 4) vorheizen.

Rote Bete waschen und im Ofen im Ganzen je nach Größe für 40–60 Minuten garen, bis sie weich ist. Herausnehmen und abkühlen lassen, anschließend pellen und würfeln. Bete zusammen mit der Brühe aufkochen und mindestens 4 Stunden, am besten über Nacht ziehen lassen.

Die getrockneten Pilze in einer Schüssel mit etwas kochendem Wasser überbrühen und 20 Minuten ziehen lassen. Anschließend vorsichtig aus dem Einweichwasser heben und fein hacken. Das Einweichwasser durch ein feines Sieb geben, um Sandreste zu entfernen, das Wasser dabei auffangen. Das Pilzwasser zusammen mit den Pilzen und dem Tomatenmark zur Brühe geben und diese aufkochen.

Kartoffeln schälen und würfeln. Sauerkraut unter frischem Wasser abbrausen und abtropfen. Gemeinsam mit den Kartoffeln zur Brühe geben und 12–15 Minuten gar kochen. Die Tomaten kreuzweise einritzen, kurz mit heißem Wasser überbrühen und häuten. Anschließend vierteln und die Kerne herauskratzen. Fruchtfleisch und austretendes Wasser aufheben. Zwiebel schälen und würfeln. Den Apfel waschen, das Kerngehäuse entfernen und würfeln.

In einer Pfanne etwas Öl erhitzen. Die Zwiebel bei mittlerer Hitze glasig dünsten, dann die Apfel- und Tomatenwürfel sowie den Tomatensaft dazugeben und kurz mitbraten, salzen und pfeffern. Die Mischung in die Suppe geben und diese mit Salz, Pfeffer und Weißweinessig kräftig abschmecken.

Kurz vor dem Servieren die Kräuter waschen, trocken tupfen und hacken, dann über die Suppe geben. Dazu schmeckt ein Klecks saure Sahne, Joghurt oder eine vegane Alternative.

TIPP 〉〉

〉 Um der Brühe extraviel Geschmack zu verleihen, haben wir einige zusätzliche Arbeitsschritte auf uns genommen, die jedoch bei knapper Zeit ignoriert werden können. So kann die Rote Bete nach dem Garen auch direkt verkocht werden, ohne dass sie in der Brühe zieht. Auch das Pfannengemüse kann direkt in der Suppe gekocht werden, ohne es zu braten. Für einen intensiven und authentischen Geschmack empfehlen wir jedoch, sich einmal genügend Zeit für das Original zu nehmen und anhand dessen zu entscheiden, wie die Suppe zukünftig zubereitet werden soll.

Saison
Oktober bis März

Shepherd's Pie mit Hülsenfrüchten

Shepherd's Pie ist vielen als Fleischpastete bekannt, in der Braten- und Kartoffelreste geschickt zu einem neuen Gericht verkocht werden. Wir setzen stattdessen auf eine vegetarische und sättigende Linsenfüllung. Am Original orientieren wir uns beim Topping, hier bereiten wir einen cremigen Kartoffel-Apfel-Stampf zu.

ZUTATEN

Füllung
- 2 Zwiebeln
- 1 Knoblauchzehe
- 2 EL neutrales Pflanzenöl
- 200 g braune Linsen, z. B. Berglinsen
- 2 Möhren
- 1 Stange Lauch
- 1 EL Rosmarin
- 2 EL Weißwein oder Verjus
- 1 Lorbeerblatt
- 500 ml Brühe
- Salz
- Pfeffer

Topping
- 500 g Kartoffeln
- 1 Apfel
- 100 ml Kuhmilch oder Pflanzendrink
- 2 EL Butter oder Margarine
- Salz
- Pfeffer
- Muskatnuss

Zubereitung (45–90 Minuten)

Die Linsen nach Packungsangabe in Wasser einweichen lassen. Zwiebeln schälen und fein hacken. Karotten sowie Lauch waschen und in kleine Scheiben schneiden.

Öl in einem Topf erhitzen, die Zwiebeln andünsten, bis sie glasig sind, dann kurz den Rosmarin dazugeben. Danach die Linsen, Karotten, Lauch und Lorbeer hinzugeben und 5 Minuten mitdünsten. Anschließend mit Weißwein oder Verjus ablöschen und die Brühe hinzugeben. Das Ganze etwa 20 Minuten köcheln lassen, bis die Linsen gar – aber immer noch bissfest – sind.

Währenddessen den Backofen auf 180 °C Ober-/Unterhitze (160 °C Umluft, Gasherd Stufe 3) vorheizen.

Den Apfel schälen, entkernen und vierteln. Die Kartoffeln schälen, in grobe Würfel schneiden. Kartoffeln und Apfel zusammen in Salzwasser 15 Minuten garen. Eine Auflaufform oder eine große runde Springform mit Öl einfetten. Sobald die Kartoffeln gar sind, Wasser abgießen und Butter sowie Milch dazugeben. Alles mit einem Stampfer zerdrücken und zu einem cremigen Stampf verrühren. Mit Salz, Pfeffer und Muskatnuss abschmecken.

Die Mischung aus Linsen und Gemüse in eine Auflaufform geben, dabei das Lorbeerblatt herausfischen. Darüber den Stampf verteilen. Anschließend 10–15 Minuten im Ofen backen, bis die Kartoffel-Apfel-Mischung eine leichte Bräune erhält.

TIPP 〉〉〉

〉〉 Ein veganes Püree entsteht durch die Verwendung von Pflanzendrink und Margarine.

Saison
Oktober bis März

Kerniger Möhren-Pastinaken-Salat mit Honig-Chili-Dressing

VEGAN

Möhren und Pastinaken lassen sich ideal miteinander kombinieren. Vor allem im Ofen geröstet und mit etwas Säure angemacht, zeigen sie ihr ganzes Potenzial. Dinkel bringt willkommene Abwechslung in Mund und Magen. Wir mögen ihn als Einlage in Suppen oder eben als Salat, da er in der Konsistenz stets fest bleibt. Scharf und würzig abgeschmeckt, wärmt und sättig dieser Salat in der kalten Jahreszeit. Dieses Gericht ist eine Variation eines Rezeptes von Deb Perelmann.[101]

ZUTATEN

> 200 g Dinkelkörner
> 1 l Gemüsebrühe oder Wasser
> 4 mittelgroße Möhren
> 2 große oder 4 kleine Pastinaken
> 1 TL Chilipulver
> 1 TL Kreuzkümmel
> 2 EL Honig oder Zuckerrübensirup
> 50 ml Verjus
> je 1 kleiner Bund Petersilie und Minze
> neutrales Pflanzenöl
> Salz
> Pfeffer
> 1 Packung Feta nach Belieben

Zubereitung (20–45 Minuten)

Zunächst den Backofen auf 200 °C Ober-/Unterhitze (Umluft 180 °C, Gasherd Stufe 4) vorheizen.

In einem Topf Wasser oder Brühe zum Kochen bringen (und salzen, wenn Wasser verwendet wird). Dinkel hinzufügen und für 20 Minuten gar kochen. Beim Abgießen evtl. Brühe auffangen, um sie in einem anderen Gericht weiterzuverwenden. Dinkel abtropfen lassen.

Währenddessen das Gemüse waschen, Pastinake schälen und alles in kleine Stücke schneiden. Ein Backblech mit Backpapier belegen und Gemüse darauf verteilen. Mit etwas Öl, Salz und Pfeffer mischen. Im Ofen für 20 Minuten goldbraun rösten.

Kreuzkümmel in einem Mörser zerstoßen. In einer kleinen Schüssel etwas Chili (Achtung, lieber mit einer Messerspitze beginnen und nachwürzen, da Chili unterschiedlich scharf sein kann), Kreuzkümmel, Honig, etwa 100 ml Öl, 50 ml Verjus – mehr nach Belieben – und etwas Salz mischen. Abschmecken und bei Bedarf nachwürzen.

Das Gemüse aus dem Ofen nehmen und in eine große Salatschüssel geben. Dinkel, Kräuter und ggf. zerbröselten Feta hinzufügen. Mit dem Dressing mischen und noch warm servieren.

Saftiger Pastinakenkuchen mit Lavendel

Gemüse im Kuchen? Das geht ziemlich gut zusammen, wie die Klassiker Carrot Cake und Kürbis-Pie beweisen. Auch Rote Bete und Zucchini werden häufig in Kuchenform gesichtet. Es ist also an der Zeit, dass die Pastinake es ihnen gleichtut. Dankenswerterweise hat Joshua McFadden ein Rezept entwickelt, das wir hier regionalisiert haben.[102]

ZUTATEN

- 〉 150 g Mehl
- 〉 1 unbehandelte Zitrone
- 〉 150 g Puderzucker
- 〉 250 g Pastinaken
- 〉 1 TL Backpulver
- 〉 100 g Rosinen
- 〉 2 Eier
- 〉 125 g Zucker
- 〉 1 TL Vanillezucker
- 〉 150 ml neutrales Pflanzenöl plus etwas mehr für die Form
- 〉 75 g Haselnüsse
- 〉 1 Prise Salz
- 〉 2 TL getrocknete Lavendelblüten

Zubereitung (45–90 Minuten)

Den Backofen auf 165 °C Ober-/Unterhitze (145 °C Umluft, Gasherd Stufe 2) vorheizen. Eine Kastenform von 20 × 13 cm einfetten. Etwas Mehl hineingeben und durch Schütteln in der ganzen Form verteilen, überschüssiges Mehl ausschütten.

Die Pastinaken waschen, schälen und in kleine Stücke schneiden. Auf ein Backblech geben und im Ofen für etwa 15–20 Minuten garen. Alternativ Wasser in einem Topf erhitzen und die Gemüsestücke darin ca. 10 Minuten gar kochen, danach abgießen.

Die Zitrone heiß abwaschen, Zitronenzesten abziehen und Saft auspressen. Wer keinen Zestenreißer besitzt, kann die Schale mit einem Sparschäler dünn herunterschälen und fein hacken. Aufpassen, dass dabei nicht zu viel Weißes von der Zitronenschale mitverwendet wird, es ist bitter.

Haselnüsse auf ein Backblech geben und für 4–6 Minuten ohne Fett goldbraun rösten, aus dem Ofen nehmen und etwas abkühlen lassen.

In einer mittelgroßen Schüssel Mehl, Backpulver und eine Prise Salz vermischen. Rosinen unterheben. Die Pastinaken in einer Küchenmaschine oder mit einem Pürierstab pürieren. Dazu Eier, Zucker, Vanillezucker (nicht den Puderzucker), 1 TL Zitronenzeste und das Öl geben und gut durchrühren. Nun die trockenen Zutaten hinzufügen und alles gut vermengen. Die Haselnusskerne grob hacken und in den Teig geben.

Den Teig in die vorbereitete Kuchenform füllen und im heißen Ofen 35–45 Minuten backen. Einen Zahnstocher oder eine Messer-

TIPPS 〉〉〉〉〉〉〉〉〉〉〉〉

〉〉 Durch das saftige Gemüse und das Öl im Teig bleibt der Kuchen gut abgedeckt ca. 3 Tage lang frisch.

〉〉 Lavendel sieht nicht nur hübsch aus, sondern gibt dem Kuchen auch eine schöne blumige Note. Da er recht intensiv im Geschmack ist, solltest du bei der Dosierung allerdings sparsam sein.

spitze in die Mitte des Kuchens stechen und herausziehen. Wenn keine Teigreste kleben bleiben, ist der Kuchen durchgebacken. Den Kuchen aus dem Ofen nehmen und 10 Minuten in der Form abkühlen lassen. An den Rändern der Form mit einem Messer entlangfahren, um den Teig vom Rand zu lösen. Den Kuchen auf ein Kuchengitter oder einen Servierteller stürzen.

Puderzucker und Zitronensaft mit der übrigen Zitronenzeste in einer kleinen Schüssel glatt rühren und über den Kuchen träufeln lassen, dann mit den Lavendelblüten bestreuen. Warm oder abgekühlt servieren.

Rote-Bete-Hirsotto und langsam gegarter Lauch

VEGAN

Im Winter ist ein schlotziges Risotto Seelenfutter pur. Abwechslung bringen Hirsekörner, die wir wie Reis verwenden. Das Hirsotto ist vegan: Die pürierte Rote Bete macht das Gericht schön üppig und cremig, ganz ohne Butter oder Käse. Dafür kannst du übrigens auch anderes weiches und püriertes Gemüse verwenden, zum Beispiel Kürbis, Möhren oder Steckrüben. Der langsam gegarte Lauch passt mit seiner cremig herzhaften Süße wunderbar zum Hirsotto und ergänzt das erdige Aroma der Roten Bete.

ZUTATEN

Lauch
〉 2 Stangen Lauch
〉 Olivenöl
〉 Salz
〉 Pfeffer
〉 1 EL Thymian

Hirsotto
〉 400 g Rote Bete
〉 1 Zwiebel
〉 1 EL neutrales Pflanzenöl
〉 250 g Hirse
〉 500 ml Gemüsebrühe
〉 etwas Petersilie

Zubereitung (20–45 Minuten)

Zunächst den Ofen auf 180 °C Umluft (200 °C Ober-/Unterhitze, Gasherd Stufe 4) vorheizen.

Den Lauch putzen und in 5–7 cm große Stücke schneiden. In eine Auflaufform geben, etwas Olivenöl, Pfeffer und Salz darübergeben und 20–25 Minuten im Ofen backen, bis der Lauch leicht braun geworden ist und einen süßlichen Geschmack bekommen hat. Kurz vor Ende der Backzeit den Thymian über den Lauch geben.

Während der Lauch gart, das Hirsotto kochen. Dafür zunächst die Rote Bete schälen und in Würfel schneiden, einen Topf mit einem halben Liter Salzwasser aufsetzen und zum Kochen bringen. Die Bete darin 10 Minuten lang garen. Sobald die Bete gar ist, herausheben oder abgießen, dabei das gefärbte Kochwasser auffangen. Die weiche Rote Bete in einem separaten Topf pürieren. Dafür, wenn nötig, etwas vom Kochwasser hinzugeben, bis das Püree eine geschmeidige Konsistenz hat. Das Püree beiseitestellen.

Den Kochtopf der Roten Bete zurück auf den Herd stellen, darin Öl bei mittelstarker Hitze erhitzen. Die Zwiebel schälen, klein schneiden und in der Pfanne andünsten, bis sie glasig ist. Hirse hinzugeben und weitere 3 Minuten andünsten. Das übrige Kochwasser zurück in den Topf geben, mit der Gemüsebrühe auffüllen und 20 Minuten kochen lassen. Zum Schluss das Rote-Bete-Püree unter das Hirsotto rühren. Zuletzt mit Salz und Pfeffer abschmecken.

Petersilie waschen, trocken schleudern und klein hacken. Zum Anrichten das Hirsotto mit gehackter Petersilie bestreuen, den Lauch auf den Teller geben und alles mit 1–2 EL der Flüssigkeit aus der Ofenform servieren.

TIPP ❯❯

❯❯ Der gebackene Lauch schmeckt auch prima als Antipasti, zu Pasta oder als Hauptgericht mit unserer Salsa und den karamellisierten Ofenmöhren (siehe Rezept auf Seite 118).

Gewürzter Hirsefrühstücksbrei

Zwar hat Hirse das ganze Jahr über Saison, aber besonders im Winter hat es uns der wärmende Frühstücksbrei angetan. Durch das Anrösten wird die Hirse dabei besonders aromatisch und knackig, was die cremige Konsistenz des Breies wunderbar ergänzt. Den Gewürzen wird allesamt eine wärmende Wirkung zugesprochen, da sie die Durchblutung anregen und das Immunsystem ankurbeln – und richtig lecker sind sie allemal.

ZUTATEN

〉 2 EL Butter
〉 150 g Hirse
〉 1 l Kuhmilch oder Pflanzendrink
〉 1 kleines Stück Ingwer, fein gerieben
〉 ¼ TL Kurkuma
〉 ¼ TL gemahlener Kardamom
〉 ½ TL Zimt
〉 1–2 EL Honig nach Geschmack
〉 1 Prise Salz
〉 Vanillemark oder -extrakt nach Geschmack
〉 1 EL Kürbiskerne
〉 1 EL Buchweizen
〉 frisches Obst der Saison oder eingemachtes Obst oder Obstmus (z. B. Äpfel, Birnen, Beeren)

Zubereitung (20–45 Minuten)

Die Butter in einem ausreichend großen Topf bei mittlerer Hitze schmelzen, Hirse hinzugeben und unter Rühren leicht anrösten, bis sie aromatisch duftet. Die Gewürze und den geriebenen Ingwer hinzufügen und noch einige Sekunden weiterrühren. Milch oder Pflanzendrink hinzugeben und 20 Minuten leicht köcheln lassen. Zwischendurch gelegentlich umrühren.

Kürbiskerne und Buchweizen in einer Pfanne bei mittlerer Hitze rösten, bis sie leicht duften. Frisches Obst waschen und eventuell klein schneiden.

Den fertigen Hirsebrei mit Honig, Vanille und einer Prise Salz abschmecken und mit gerösteten Kürbiskernen, Buchweizen und Obst servieren.

TIPPS 〉〉〉

》 Einfach eine größere Menge Hirsebrei kochen, schon steht das Frühstück für den Rest der Woche im Kühlschrank. Morgens kannst du dir einfach eine Portion mit etwas Milch aufwärmen.

》 Statt Kuhmilch kannst du den Hirsebrei natürlich auch mit einem Pflanzendrink deiner Wahl zubereiten. Er wird dann allerdings weniger sämig und etwas süßer, also lieber vorsichtig nachsüßen.

》 Der Hirsebrei schmeckt sowohl warm als auch kalt.

Super Local Food – und nun?

Sind die in diesem Buch vorgestellten regionalen Lebensmittel also das neue Superfood? Schaut man auf die Definition von »Superfood« aus dem ersten Kapitel, so lautet die Antwort: ja. Denn wir haben die regionalen Alternativen schließlich genau deshalb ausgewählt, weil sie besonders viele gesundheitsfördernde Inhaltsstoffe enthalten. Es stellt sich allerdings die Frage, wie hilfreich der Begriff »Superfood« als Orientierung für die eigene Ernährung überhaupt ist. Denn wie in der Einleitung zum Kapitel »Importierte Superfoods – wirklich super?« dargelegt, machen einzelne Lebensmittel und deren Nährstoffe allein keine gesunde Ernährungsweise aus. Eine abwechslungsreiche, ausgewogene und frische Küche macht den Unterschied. Und dazu können die hier vorgestellten Lebensmittel einen entscheidenden Beitrag leisten.

Im Übrigen sollen die importierten Superfoods hier aber nicht zum Tabu-Nahrungsmittel gemacht werden. Wie die Fallbeispiele in diesem Buch zeigen, sind die Auswirkungen unserer Ernährung äußerst komplex. Der Anbau der Superfoods hat nicht nur negative Folgen (siehe Quinoa ab Seite 23), und umgekehrt können auch regionale Alternativen zu diesen Importwaren schädliche Auswirkungen auf Mensch und Umwelt haben. Insbesondere wenn der Verzicht einen steigenden Konsum tierischer Produkte zur Folge haben kann (siehe Avocado ab Seite 19), ist es oft schwer, pauschal zu sagen, was die bessere Alternative wäre.

Wir finden: Essen soll Freude machen, keinen Frust! Ob und in welchem Umfang importierte Superfoods auf deinem Speiseplan stehen, entscheidest du selbstverständlich selbst. Doch hoffen wir, dass du deine Kaufentscheidungen bewusst triffst und nicht, weil geschicktes Superfoodmarketing greift. Wir wollen dir mit diesem Buch daher das Handwerkszeug dafür geben, dich genussvoll, gesund, abwechslungsreich und vor allem selbstbestimmt zu ernähren. Und wenn in Zukunft doch öfter einmal Hirse, Sauerampfer und Co. in deinen Einkaufskorb wandern, dann haben wir unsere Mission erfüllt. Denn Schritt für Schritt, mit jedem einzelnen Essen, kann unser Lebensmittelsystem ein kleines bisschen lokaler, ein kleines bisschen zukunftsfähiger und ein kleines bisschen fairer werden. Davon träumen wir. Du auch?

Danke!

Hinter diesem Buch stecken viele kluge Köpfe und tatkräftige Hände. Die Idee dazu ist im Rahmen der Slow Food Youth Akademie 2018 entstanden. Ein besonderer Dank gilt Elia Carceller, der Koordinatorin der Akademie, und den Teilnehmenden des Jahrgangs 2018 für ihre kritischen Nachfragen, kreativen Ideen und die kontinuierliche Unterstützung.

Darüber hinaus danken wir Dr. Ursula Hudson und Lea Leimann aus dem Vorstand von Slow Food Deutschland für den fortwährenden Zuspruch zu diesem Projekt und dafür, dass sie an verschiedenen Stellen die Fäden zusammengehalten haben.

Wir danken dem oekom verlag, insbesondere Dr. Christoph Hirsch und seinem Team mit Lena Denu, Laura Kohlrausch und Nadine Gerhardt, die von Anfang an von der Buchidee überzeugt waren.

Carola Tierling hat das Layout dieses Buches entworfen. Birgit Keppler und Xenia El Mourabit haben durch ihr gründliches und kritisches Lektorat zur Fertigstellung und zum Feinschliff des Textes beigetragen. Doris van den Hövel hat auch die letzten Kommafehler beseitigen können. Auch diesen vieren gilt unser herzlicher Dank.

Die **Slow Food Youth Akademie** ist ein aus sieben Themenwochenenden und einer Studienreise bestehendes interaktives Trainingsprogramm für junge Auszubildende, Berufstätige und Studierende, die gerne mehr über das Lebensmittelsystem und dessen praktische Prozesse erfahren möchten. Ziel ist es, junge Menschen zu befähigen, die Herausforderungen der Lebensmittelzukunft zu bewältigen und als Changemaker positive und nachhaltige Veränderungen herbeizuführen. Dafür bietet die Akademie ein Wissensforum und einen Erfahrungsraum an. Thematische Schwerpunkte sind die Herkunft von Grundnahrungsmitteln, Methoden der Weiterverarbeitung, Vertriebswege und der Einfluss von Verbraucherentscheidungen im globalen Lebensmittelsystem.

Die Akademie richtet sich an junge Menschen zwischen 18 und 35 Jahren. Für weitere Informationen steht Elia Carceller per E-Mail unter *e.carceller@slow-food.de* oder telefonisch unter 0 30 - 2000 475 14 zur Verfügung. Mehr Informationen zur Bewerbung für die Slow Food Youth Akademie sind hier erhältlich: *slowfoodyouth.de/akademie.*

Stefanie Froh danken wir für die kreativen Titelvorschläge, die Ideen zur Gestaltung und neue Denkanstöße. Vielen Dank an Samira Kreuels für das schöne und professionelle Fotoshooting.

Ein ganz besonderer Dank gilt Isabel Lindemann, die an der Ursprungsidee mitgefeilt und die Buchentstehung durch kritisches Nachkochen und schöne Rezeptfotos begleitet hat.

Ein herzlicher Dank gilt schließlich Alexander Gürtler und Sven Glinka, die den Entstehungsprozess dieses Buches von der ersten Idee bis zum letzten Satzzeichen unterstützt und begleitet haben. Sie waren verlässliche Ratgeber, mitunter auch Gestalter und Fotografen und so manches Mal Testesser.

Nicht zuletzt danken wir allen, die uns während der Entstehung des Buchs mit Verständnis, Motivation, Rat und Tat unterstützt haben.

Kontakt

Du hast Fragen zum Buch, zu Rezepten oder einzelnen Produkten?
Oder du hast Lust, mit uns zu kochen, und fragst dich, wann und wo der nächste Workshop mit uns stattfindet?
Dann schreib uns unter hallo@superlocalfood.de oder über www.superlocalfood.de.
Wir freuen uns, wenn wir ins Gespräch kommen!

Bildnachweis

Adobe Stock S. 4 l. alexkich, S. 4 r. Annett Seidler, S. 5 Johanna Mühlbauer, S. 9 AA+W, S. 10 Luca9257, S. 13 alexkich, S. 14 Mateusz Liberra, S. 16 Digitalpress, S. 18 seagames50, S. 21 olhabocharova, S. 21b martialred, S. 21c Rovshan, S. 21e jacartoon, S. 25 Sunnydream, S. 25c lukman, S. 25d Rovshan, S. 25e lukman, S. 25f martialred, S. 29 MoreVector, S. 29a andreybel, S. 29b majivecka, S. 29d Rovshan, S. 29e jacartoon, S. 33 MariArt, S. 33a Miceking, S. 33b Rovshan, S. 33d desbayy, S. 35 gleichpaul71, S. 36a Arcady, S. 36b paintermaster, S. 36c Olga, S. 36d SpicyTruffel, S. 36f arabel0305, S. 36g nadiinko, S. 67 M. Schuppich, S. 69 alicja neumiler, S. 70 fotoknips, S. 73 babsi_w, S. 78 Ludmila Tamoschenko, S. 79 Monster, S. 94 VICUSCHKA, S. 119 annaileish, S. 128 stonefy

Isabel Lindemann S. 81, S. 83, S. 85, S. 89, S. 93, S. 95, S. 98, S. 99, S. 100, S. 101, S. 104, S. 105, S. 107, S. 111, S. 113, S. 123, S. 125, S. 126, S. 131, S. 133, S. 135, S. 137, S. 139, S. 141, S. 143, S 145

Stefanie Schäfter S. 87, S. 91, S. 97, S. 103, S. 109

Kira van den Hövel S. 112, S. 121, S. 129

Ines Swoboda S. 21a, S. 21d, S. 25a, S. 25b, S. 29c, S. 33c, S. 33f

Jose Manuel Montero de Lis S. 15, S. 37, S. 75, S. 115, S. 117

Carola Tierling S. 11, S. 36e

Misereor S. 7

Zutatenindex

Quellen

1 Welt (2008): Milch macht müde und nicht munter. Online-Artikel von Zittlau, J. [www.welt.de/welt_print/article2052522/Milch-macht-muede-und-nicht-munter.html; 04.03.2019].

2 Verbraucherzentrale (2018): Superfood: Hype um Früchte und Samen [www.verbraucherzentrale.de/wissen/lebensmittel/nahrungsergaenzungsmittel/superfood-hype-um-fruechte-und-samen-12292; 04.03.2019].

3 Bayerisches Landesamt für Gesundheit und Lebensmittelsicherheit (2017): Superfood – wirklich super? Untersuchung von Chia, Matcha und Moringa – Ergebnisse 2017. Online-Artikel von Dr. Vera Landner, aktualisiert am 01.08.2018 [www.lgl.bayern.de/lebensmittel/technologien/funktionelle_lebensmittel/ue_2017_superfood.htm#fazit; 29.09.2019].

4 Statista (2018): Absatz von Chia-Samen im Lebensmitteleinzelhandel in Deutschland in den Jahren 2015 und 2016 [www.statista.com/statistik/daten/studie/657223/umfrage/absatz-von-chia-samen-im-lebensmitteleinzel-

handel-in-deutschland/; 20.09.2019].

5 Bundesamt für Verbraucherschutz und Lebensmittelsicherheit (2019): Neuartige Lebensmittel – Novel Foods. Online-Artikel [www.bvl.bund.de/DE/01_Lebensmittel/04_AntragstellerUnternehmen/05_NovelFood/lm_novelFood_node.html#doc1406672bodyText1; 20.09.2019].

6 Bundesinstitut für Risikobewertung (2009): Entscheidung der Kommission vom 13.10.2009. Amtsblatt der Europäischen Union vom 11.11.2009. L 294/14.

7 Bundesinstitut für Risikobewertung (2013): Entscheidung der Kommission vom 22.01.2013. Amtsblatt der Europäischen Union vom 24.01.2013. L 21/34.

8 TK-Report (2016): Superfood mit Superzahlen. Onlineartikel von Jörg Rüdiger [www.tk-report.de/2016/03/superfood-mit-superzahlen/; 20.09.2019].

9 Verbraucherzentrale (2019): Chia-Samen – wie gesund ist das angebliche Superfood wirklich? Aktualisiert am 30.07.2019 [www.verbraucherzentrale.de/wissen/lebensmittel/nahrungsergaenzungsmittel/chiasamen-wie-gesund-ist-das-angebliche-

superfood-wirklich-11792; 10.09.2019].

10 Harvard T. H. Chan – School of Public Health: Superfoods or Superhype? Onlineartikel [www.hsph.harvard.edu/nutritionsource/superfoods/; 10.09.2019].

11 United Fruit Company (1917): Food Value of the Banana. Opinion of Leading Medical and Scientific Authorities. Boston [www.babel.hathitrust.org/cgi/pt?id=mdp.39015008593538&view=1up&seq=23; 20.09.2019].

12 Haas, S. (1924): The Value of the Banana in the Treatment of Celiac Disease. New York [www.scdrecipe.com/scd-uploads/studies/1924-haas_banana.pdf; 20.09.2019].

13 Nestle, Marion (2018): Unsavory Truth – How Food Companies Skew the Science of What We Eat. Basic Books, New York.

14 Smollich, M. / Podlogar, J. (2016): Wechselwirkungen zwischen Arzneimitteln und Lebensmitteln. Stuttgart: Wissenschaftliche Verlagsgesellschaft.

15 Untersuchungsämter für Lebensmittelüberwachung und Tiergesundheit Baden-Württemberg (2017): Moringablattpulver – weiterhin mit Rückständen und unlauterer Bewerbung. Noch immer nicht super:

das »Superfood« Moringa [www.ua-bw.de/pub/beitrag.asp?subid=0&Thema_ID=2&ID=2434&Pdf=No&lang=DE; 19.07.2019].

16 Ökotest (2017): Jahrbuch 2017. 21 Superfoods im Test [www.oekotest.de/essen-trinken/21-Superfoods-im-Test_108600_1.html?artnr=107544&bernr=04; 19.07.2019].

17 Instagram (2019): #avocado. Suchabfrage [www.instagram.com/explore/tags/avocado/top/; 20.09.2019].

18 Statista (2019): Export- und Importmenge von Avocadofrüchten (frisch oder getrocknet) in Deutschland in den Jahren 2008 bis 2018 (in Tonnen) [www.statista.com/statistik/daten/studie/656224/umfrage/export-und-importmenge-avocadofruechte/; 08.09.2019].

19 Statista (2018): Import values of avocado worldwide in 2017, by leading country (in million U.S. dollars) [www.statista.com/statistics/938571/major-importers-avocado-import-value/; 11.11.2019].

20 United States Department of Agriculture (2019): Avocado – Imports and Exports. Economic Re-search Service [www.data.ers.usda.gov/reports.aspx?programArea=fruit&stat_year=2009&top=5&Ha

rdCopy=True&RowsPerPage=25&groupName=Noncitrus&commodityName=Avocados&ID=17851#Pc6bc77a2bca744c6be1e57e63d8b47a0_3_292; 20.09.2019].

21 Statista (2019): Global avocado production in 2017, by country (in 1,000 tons) [www.statista.com/statistics/593211/global-avocado-production-by-country/; 05.03.2019].

22 Hansen, O. (2017): Deforestation Caused by Illegal Avocado Farming: A Case Study on the Effectiveness of Mexico's Payment for Ecosystem Services Program, 49 U. Miami Inter-Am. L. Rev. 89.

23 Spiegel Online (2016): Avocado-Boom führt zu illegaler Abholzung in Mexiko. Onlineartikel [www.spiegel.de/wissenschaft/natur/mexiko-avocado-boom-fuehrt-zu-illegaler-abholzung-a-1109872.html; 05.09.2019].

24 Frankfurter Allgemeine Zeitung (2019): Mexiko steckt in einer Guacamole-Krise. Onlineartikel von P. Würminghausen [www.faz.net/aktuell/wirtschaft/teure-avocados-mexiko-steckt-in-einer-guacamole-krise-16289411.html; 05.03.2019].

25 Greenpeace Magazin (2016): Globaler Heißhunger auf Avocado zerstört Wälder in Mexiko. Onlineartikel [www.greenpeace-magazin.de/ticker/globaler-heis-shunger-auf-avocado-zerstoert-waelder-mexiko; 05.09.2019].

26 Independent.ie (2018): Restaurants should stop serving avocado – Irish Michelin star chef says they're 'akin to battery chickens'. Onlineartikel [www.independent.ie/life/food-drink/restaurants-should-stop-serving-avo-cado-irish-michelin-star-chef-says-theyre-akin-to-battery-chickens-37592513.html; 09.09.2019].

27 Wehr, I. (2018): The socio-environmental impact of the avocado industry in Petorca Province. Heinrich-Böll-Stiftung Cono Sur [www.cl.boell.org/es/2018/08/06/socio-environmental-impact-avocado-industry-petorca-province; 09.09.2019].

28 Weltspiegel-Reportage (2018): Avocado – Umweltkiller Superfood. Dokumentation [www.daserste.de/information/politik-weltgeschehen/weltspiegel/sendung/um-weltkiller-superfood-100.html; 09.09.2019].

29 Jacobsen, S.-E. (2003): The Worldwide Potential for Quinoa (Chenopodium quinoa Willd.). Food Reviews International, 19:1–2, S. 167–177.

30 Kerssen, T. M. (2015): Food sovereignty and the quinoa boom. Challenges to sustainable re-peasantisation in the southern Altiplano of Bolivia. Third World Quarterly, 36:3, S. 489–507.

31 Technologie- und Förderzentrum im Kompetenzzentrum für Nachwachsende Rohstoffe: Quinoa (Chenopodium quinoa) [http://www.tfz.bayern.de/rohstoffpflanzen/einjaeh-rigekulturen/034290/index.php; 29.07.2019].

32 Hortipendium: Gänsefußgewächse [www.hortipendium.de/G%C3%A4nsefu%C3%9Fgew%C3%A4chse; 29.07.2019].

33 Koziol, M. J. (1992): Chemical Composition and Nutritional Evaluation of Quinoa (Chenopodium quinoa Willd.). Journal of Food Composition and Analysis 5, S. 35–68.

34 Repo-Carrasco, R. / Espinoza, C. / Jacobsen, S.-E. (2003): Nutritional Value and Use of the Andean Crops Quinoa (Chenopodium quinoa) and Kañiwa (Chenopodium pallidicaule). Food Reviews International, 19:1–2, S. 179–189.

35 Abugoch James, L. E. (2009): Chapter 1 Quinoa (Chenopodium quinoa Willd.). Composition, Chemistry, Nutritional, and Functional Properties. Advances in Food and Nutrition Research 58, S. 1–31.

36 Statista (2019): Produktion von Quinoa weltweit in den Jahren 2009 bis 2015 nach Ländern (in Tonnen). [www.statista.com/statistik/daten/studie/583261/umfrage/quinoa-produktion-weltweit-laender/; 29.07.2019].

37 Karlsruher Institut für Technologie: Theobroma cacao – der Kakao-Baum [www.botanik.kit.edu/garten/629.php; 03.03.2019].

38 Homborg, K. / Homborg, A.: Verarbeitung der Kakaofrucht [www.theobroma-cacao.de/wissen/herstellung/verar-beitung-der-kakaofrucht/; 03.03.2019].

39 Braun, L. (2003): Infoblatt von der Kakaopflanze zur Schokolade – Teil 1. Leipzig: Klett [www.klett.de/alias/1010337; 03.03.2019].

40 Capitoni, G.: Wirkung des Superfoods Roh Kakao. Das Wundermittel aus der Kakaobohne glänzt durch Heilkraft und Glücksgefühle. evidero [www.evidero.de/superfood-roher-kakao; 03.03.2019].

41 Mehner, K. (2018): Kakao. Natürlicher Stimmungsaufheller. Gesundheit.de. Onlineartikel [www.gesundheit.de/ernaehrung/lebensmittel/gewuerze/kakao; 03.03.2019].

42 Riepl, M. (2016): Bitter und heilsam. Kakao ist geheimnisvoll. Onmeda. Onlineartikel [www.onmeda.de/g-ernaehrung/kakao-1144.html; 20.09.2019].

43 Ntiamoah, A. / Afrane, G. (2008): Environmental impacts of cocoa production and processing in Ghana: life cycle assessment approach. Journal of Cleaner Production, Vol. 16, Issue 16, November 2008, S. 1735–1740.

44 Hajduk, T. (2015): Bitterer Rohstoff, zarte Hoffnung. Die Kakaoproduktion als ethisches Problem und Ansätze zu ihrer Zivilisierung. In: Vorbohle, K. / Quandt, J. H. / Schank, C. (Hrsg.): Verantwortung in der globalen Wertschöpfung. München und Mering: Rainer Hampp Verlag.

45 Bommert, W. / Landzettel, M. (2017): Verbrannte Mandeln. Wie der Klimawandel

unsere Teller erreicht. München: dtv.

46 Wessel, M. / Quist-Wessel, P. M. F. (2015): Cocoa production in West Africa, a review and analysis of recent developments. NJAS – Wageningen Journal of Life Sciences 74–75.

47 Luckstead, J. / Tsiboe, F. / Nalley, L. L. (2019): Estimating the economic incentives necessary for eliminating child labor in Ghanaian cocoa production. PLoS ONE 14(6).

48 Tulane University (2015): 2013/14 Survey Research on Child Labor in West African Cocoa Growing Areas. Final Report. New Orleans, LA [www.makechocolatefair.org/sites/makechocolatefair.org/files/newsimages/tulane_university_-_survey_research_on_child_labor_in_the_cocoa_sector_-_30_july_2015.pdf; 29.07.2019].

49 Stuart, D. A. (2015): Sustainable Cocoa Production. A Healthy Bean Supply. In: Wilson, P. K. / Hurst, W. J. (Hrsg): Chocolate and Health. Chemistry, Nutrition and Therapy. Cambridge: The Royal Society of Chemistry.

50 Donner, S. (2018): Was gibt's morgen zu essen? brand eins, Onlineartikel [www.brandeins.de/magazine/brand-eins-wirtschaftsmagazin/2018/lebensmittel/lebensmittel-der-zukunft-was-gibt-s-morgen-zu-essen; 03.03.2019].

51 Stiftung Warentest (2016): Nachhaltigkeitssiegel. Können Verbraucher Fairtrade, Utz & Co. vertrauen? Test [www.test.de/Nachhaltigkeitssiegel-Koennen-Verbraucher-Fairtrade-Utz-Co-vertrauen-5007466-5009333/; 25.07.2019].

52 Utopia (2017): Fairtrade-Schokolade. Die wichtigsten Siegel. Onlineartikel von A. Winterer [www.utopia.de/ratgeber/fairtrade-schokolade-siegel/; 03.03.2019].

53 Lexikon der Biologie (1999): Prunus. Heidelberg: Spektrum Akademischer Verlag [www.spektrum.de/lexikon/biologie/prunus/54424; 03.08.2019].

54 Die Biologie Seite: Mandel [www.biologie-seite.de/Biologie/Mandel; 03.03.2019].

55 Chen, C.-Y. / Lapsley, K. / Blumberg, J. (2006): A nutrition and health perspective on almonds. Journal of the Science of Food and Agriculture 86: 2245–2250.

56 Jnawali, P. / Kumar, V. / Tanwar, B. (2016): Celiac Diseaese. Overview and considerations for development of glutenfree foods. Food Science and Human Wellness 5: 169–176.

57 Utopia (2017): Mandeln. Gesund, lecker und unnachhaltig? Onlineartikel von S. Neumann [www.utopia.de/ratgeber/mandeln/; 03.03.2019].

58 Fitchette, T. (2017): California almonds reach 1.24 million-acre milestone. FarmProgress [www.farmprogress.com/tree-nuts/california-almonds-reach-124-million-acre-milestone; 03.03.2019].

59 USDA Foreign Agricultural Service (2017): EU-28 Tree Nuts Annual 2017. Global Agricultural Information Network Report [www.gain.fas.usda.gov/Recent%20GAIN%20Publications/Tree%20Nuts%20Annual_Madrid_EU-28_9-18-2017.pdf; 26.08.2019].

60 Park, A. / Lurie, J. (2014): It Takes How Much Water to Grow an Almond?! Why California's drought is a disaster for your favorite fruits, vegetables, and nuts. Mother Jones [www.motherjones.com/environment/2014/02/wheres-californias-water-going/; 26.08.2019].

61 Fulton, J. / Norton, M. / Shilling, F. (2019): Water-indexed benefits and impacts of California al-monds. Ecological Indicators 96, 711–717.

62 Mekonnen, M. M. / Hoekstra, A. Y. (2011): The green, blue and grey water footprint of crops and derived crop products. Hydrology and Earth System Sciences 15, 1577–1600.

63 Slow Food Deutschland e. V. (2018): Veganer bitte absteigen – das hohe Ross lahmt. Onlineartikel von M. Landzettel [www.slowfood.de/aktuelles/2018/kommentar_veganer_bitte_absteigen_das_hohe_ross_lahmt; 03.03.2019].

64 Michalsen, A. (2019): Mit Ernährung heilen. Berlin: Insel.

65 Bäumler, S. (2007): Heilpflanzenpraxis heute. Porträts, Rezepturen, Anwendung. München: Elsevier, Urban & Fischer.

66 Lieberei, R. / Reisdorff, C. / Franke, W. (2012): Nutz-pflanzen. 8. überarb. Aufl. Stuttgart: Thieme.

67 Kofrányi, E. / Fröleke, H. (2008): Einführung in die Ernährungslehre. 12. Aufl. Neustadt an der Weinstraße: Neuer Umschau Buchverlag.

68 Bacon, J. et. al: (2018): Essen. Kultur, Tradition, Herkunft. Die illustrierte Geschichte. München: Dorling Kindersley.

69 Sharma, A. et. al: Isothiocyanates in Brassica: Potential Anti Cancer Agents. In: Asian Pacific Journal Of Cancer Prevention. Article 54, Volume 17, Issue 9, S. 4507–4510.

70 Deutsche Gesellschaft für Ernährung (2008): Referenzwerte für die Nährstoffzufuhr. Neustadt an der Weinstraße: Neuer Umschau Buchverlag.

71 Kulinaria Deutschland e. V.: Meerrettich [www.kulinariadeutschland.com/meerrettich/; 03.03.2019].

72 Verbraucherzentrale (2019): Tipps zur Rhabarber-Zeit [www.verbraucherzentrale.de/wissen/lebensmittel/gesund-ernaehren/tipps-zur-rhabarberzeit-13668; 20.09.2019].

73 Reader's Digest Deutschland (2010): Nahrung die schadet, Nahrung die heilt. Der unentbehrliche Ratgeber von A–Z. 4. Aufl., Stuttgart, Zürich, Wien: Verlag Das Beste.

74 Lüder, R. / Lüder, F. (2017): Wildpflanzen zum Genießen. Für Gesundheit, Küche, Kosmetik und Kreativität. 5. Aufl., Neustadt: Kreativpinsel.

75 Verbraucherzentrale (2019): Lykopin – das

»Tomaten-Vitamin«? [www.verbraucherzentrale.de/wissen/lebensmittel/nahrungsergaenzungsmittel/lykopin-das-tomatenvitamin-8567; 20.09.2019].

76 TRUW – Med Pharma Service GmbH: Buchweizen, echter (bot. Fagopyrum esculentum). [www.truw.de/heilpflanzen/buchweizen-echter/; 02.03.2019].

77 Chevallier, A. (2001): Das grosse Lexikon der Heilpflanzen. München: Dorling Kindersley.

78 Sonnenberg, A. / Chapagain, A. / Geiger M. / August M. (2009): Der Wasser-Fußabdruck Deutschlands. Woher stammt das Wasser, das in unseren Lebensmitteln steckt? Frankfurt am Main: WWF.

79 Alpen Pionier (2019): Fragen und Antworten [www.alpenpionier.ch/fragen-und-antworten/; 20.09.2019].

80 Verbraucherzentrale (2019): Kürbiskernkapseln – Machen sie eine schwache Blase wieder stark? [www.verbraucherzentrale.de/wissen/lebensmittel/nahrungsergaenzungsmittel/kuerbiskernkapseln-machen-sie-eine-schwache-blase-wieder-stark-13456; 20.09.2019].

81 Universität Würzburg (2016): Magnesium gegen Blutgerinnungsstörung. [www.uni-wuerzburg.de/aktuelles/pressemitteilungen/single/news/magnesiumbehandlung-bei-blutgerinnungsstoerung/; 20.09.2019].

82 Duke, J. A. (2010): Heilende Nahrungsmittel. Wie Sie Erkrankungen mit Gemüse, Kräutern und Samen weg-

essen. 6. Aufl. München: Goldmann.

83 Pharmazeutische Zeitung: Bärlauch – potenter Frühlingsbote [www.pharmazeutische-zeitung.de/ausgabe-132014/potenter-fruehlingsbote/; 02.03.2019].

84 Heseker (2010): Die Nährwerttabelle. Neustadt an der Weinstraße: Neuer Umschau Buchverlag.

85 Kreuter, M. (2007): Der Biogarten. Das Original mit Pflanzenschutz-Kompass. 23. Aufl. München: BLV.

86 Pharmazeutische Zeitung (2008): Lavendel. Duftpflanze ist Heilpflanze [www.pharmazeutische-zeitung.de/ausgabe-442007/duftpflanze-ist-heilpflanze-2008/ 26.02.2019].

87 Schek, A. (2009): Ernährungslehre kompakt. 3. Aufl. Sulzbach im Taunus: Umschau Zeitschriftenverlag.

88 Verbraucherzentrale (2019): Spirulina – Viel Grün und wenig dahinter [www.verbraucherzentrale.de/wissen/lebensmittel/nahrungsergaenzungsmittel/spirulina-viel-gruen-und-wenig-dahinter-21053; 29.09.2019].

89 Verbraucherzentrale (2018): Acai – die brasilianische Wunderbeere? [www.verbraucherzentrale.de/wissen/lebensmittel/nahrungsergaenzungsmittel/acai-die-brasilianische-wunderbeere-5621; 29.09.2019].

90 Verbraucherzentrale (2019): Trendbeere Aronia [www.verbraucherzentrale.de/wissen/lebensmittel/nahrungsergaenzungsmittel/

trendbeere-aronia-7899, 29.09.2019].

91 Bundeszentrum für Ernährung: Regionale Lebensmittel. Herkunft bleibt oft fraglich. Onlineartikel. [www.bzfe.de/inhalt/regionale-lebensmittel-560.html; 23.09.2019].

92 NABU: Regional ist eine gute Wahl. Von der Schwierigkeit regionale Lebensmittel zu erkennen. Onlineartikel [www.nabu.de/umwelt-und-ressourcen/oekologisch-leben/essen-und-trinken/bio-fair-regional/labels/15596.html; 23.09.2019].

93 Clauplein, E. / Hoffmann, I. (2011): Dimension Umwelt. Wie sich Ernährung auf das Klima auswirkt. In: Hoffmann, I. / Schneider, K. / Leitzmann (Hrsg.): Ernährungsökologie – Komplexen Herausforderungen integrativ begegnen, S. 54–62.

94 Von Koerber, K. / Leitzmann, C. (2011): Empfehlungen für eine nachhaltige Ernährung. Vom Wissen zum Handeln. In: Hoffmann, I. / Schneider, K. / Leitzmann (Hrsg.): Ernährungsökologie – Komple-xen Herausforderungen integrativ begegnen, S. 148–154.

95 Sanders, J. / Heß, J. (Hrsg.) / Thünen-Institut (2019): Thünen Report 65. Leistungen des ökologischen Landbaus für Umwelt und Gesellschaft [www.thuenen.de/media/publikationen/thuenen-report/Thuenen_Report_65.pdf; 20.09.2019].

96 Bayerisches Staatsministerium für Ernährung, Landwirtschaft und

Forsten: Saisonal essen, regional einkaufen [www.stmelf.bayern.de/ernaehrung/007760/index.php; 23.09.2019].

97 Bundeszentrum für Ernährung: Regionale Lebensmittel. Herkunft bleibt oft fraglich [www.bzfe.de/inhalt/regionale-lebensmittel-560.html; 23.09.2019].

98 Weiss, Luisa (2016): Classic German Baking. Ten Speed Press, New York. S. 138 ff.

99 Katz, Sandor (2012): Art of Fermentation. An Indepth Exploration of Essential Concepts and Processes from Around the World. Chelsea Green Publishing.

100 Slow Food.Deutschland e. V. (2016): Fermentieren. Fermentieren, Milchsauer einlegen oder gären lassen – eine alte Methode zum Haltbarmachen, neu entdeckt. Broschüre [https://www.slowfood.de/w/files/publikationen/sf_fermentieren_broschuere_10_2016_web.pdf; 1.12.2019].

101 Perelman, Deb (2015): The Smitten Kitchen Cookbook. Alfred A. Knopf, New York.

102 McFadden, Joshua (2018): Sechs Jahreszeiten. Das andere Gemüse-Kochbuch. riva, München.

Gesund essen ohne Zusatzstoffe

Annette Sabersky
Besser essen ohne Zusatzstoffe

oekom verlag, München
128 Seiten, Broschur,
16,– Euro
ISBN: 978-3-96238-125-7
Erscheinungstermin:
05.08.2019
Auch als E-Book erhältlich

»Es geht auch ohne. Die einfache Lösung heißt: selber kochen.« Annette Sabersky

Zusatzstoffe werden eingesetzt, um Geruch, Farbe und Haltbarkeit von Lebensmitteln zu beeinflussen – nicht selten auf Kosten unserer Gesundheit. Mit seinen vielen Informationen und praktischen Tipps ist das Buch der ideale Begleiter für einen Alltag ohne Zusätze.